Vorsicht:
„ Vereinzelte Spoiler möglich!
– Bitte mit Vorsicht genießen. "

Vorsicht:
„Vereinzelte Spoiler möglich!
– Bitte mit Vorsicht genießen."

Tobias Martinez

Die Welt der Manga & Anime

Ein Handbuch für Einsteiger

Otaku

1. Auflage © 2025 Tobias Martinez

Verlag:

BoD · Books on Demand GmbH,

Überseering 33, 22297 Hamburg, bod@bod.de

Druck:

Libri Plureos GmbH, Friedensallee 273, 22763 Hamburg

ISBN: 978-3-8192-4622-7

Inhaltsverzeichnis

Manga

Manhwa

Anime

Anime-Filme

Vorwort

Manga und Anime sind weit mehr als nur gezeichnete Bilder oder bewegte Szenen – sie sind Ausdruck einer lebendigen Kultur, einer besonderen Erzählform und einer weltweiten Gemeinschaft. Sie erzählen Geschichten, die berühren, zum Nachdenken anregen, unterhalten und mitreißen – Geschichten, die Menschen jeden Alters und aus allen Gesellschaftsschichten verbinden.

Trotz ihrer internationalen Popularität werden Manga und Anime hierzulande oft noch unterschätzt, missverstanden oder als bloße Unterhaltung für Kinder abgetan. Dieses Handbuch möchte genau hier ansetzen: Es will aufklären, begeistern und einen niederschwelligen, verständlichen Zugang zu dieser vielseitigen Medienwelt bieten – kompakt, strukturiert und mit spürbarer Begeisterung für das Thema.

Egal, ob Du zufällig auf dieses Buch gestoßen bist, bereits neugierig auf Manga & Anime warst oder schon erste Erfahrungen gesammelt hast – dieses Werk soll Dir Orientierung geben. Es bietet Dir einen umfassenden Überblick über zentrale Genres, beliebte Serien, ikonische Figuren und charakteristische Zeichenstile. Dabei werden nicht nur Klassiker wie Naruto, One Piece oder Attack on Titan vorgestellt, sondern auch Hintergründe und kulturelle Besonderheiten erläutert, die Manga und Anime zu etwas Einzigartigem machen.

Mir als Autor war es ein Herzensanliegen, die Vielfalt und Tiefe dieser Kunstform in zugänglicher und verständlicher Weise zu vermitteln – ohne dabei die Leidenschaft aus den Augen zu verlieren, die Fans auf der ganzen Welt verbindet. Denn wer sich einmal auf die Welt von Manga und Anime einlässt, erkennt schnell: **Es geht nicht nur um Fantasie und Abenteuer – es geht um Identität, Emotion, Entwicklung und oft auch um das echte Leben.**

Ich wünsche Dir viel Freude beim Lesen, Entdecken und Eintauchen – und vielleicht beginnt für Dich mit diesem Buch ein ganz neues Kapitel. -Tobias Martinez

Einleitung

Es beginnt oft mit einem einzigen Blick. Ein Blick auf eine Seite,
ein Panel – vielleicht auf ein Paar übergroßer, ausdrucksstarker
Augen oder auf eine Szene, die wirkt, als sei sie einem Traum
entsprungen. Und ehe man sich versieht, ist man eingetaucht in eine
Welt, in der das Unmögliche möglich wird. Eine Welt, in der Worte
und Bilder zu einem Erzählstrom verschmelzen, der nicht nur
unterhält, sondern berührt.

Die Welt von Manga und Anime ist weit mehr als ein Medium.
Sie ist Ausdrucksform, Identität, ein Fenster in ferne
Gedankenräume und innere Landschaften. Was in Japan einst
als unterhaltsame Bildergeschichte begann, ist heute ein globales
Kulturgut – lebendig, vielgestaltig und zutiefst bedeutungsvoll.

Manga und Anime erzählen von Liebe, Verlust, Mut und Zweifel.
Von epischen Abenteuern ebenso wie von leisen Alltagsmomenten.
Ihre Themenvielfalt ist so grenzenlos wie ihre Leserschaft: jung oder
alt, neugierig oder nostalgisch, suchend oder bereits angekommen.
Kaum ein anderes Medium verbindet visuelle Kraft mit
erzählerischer Tiefe auf so eindrucksvolle Weise.

Oft verkannt als bloßer Zeitvertreib, wird ihre emotionale und
künstlerische Dimension unterschätzt. Doch wer genauer hinsieht,
erkennt: Manga sind keine einfachen „Comics aus Japan".
Sie sind emotionale Landkarten, kulturelle Spiegel und kreative
Schatzkammern.

Dieses Buch lädt dich ein, diese Welt mit frischem Blick zu
entdecken – egal, ob du bereits ein Lieblingswerk im Regal hast
oder zum ersten Mal mit dieser Kunstform in Berührung kommst.
Es möchte Orientierung geben, Vielfalt aufzeigen und vor allem
eines: Begeisterung wecken.

Jedes Kapitel gleicht einer Tür – in fantastische Reiche, in
menschliche Abgründe, in große Träume. Wer hindurchtritt, entdeckt
nicht nur neue Geschichten, sondern womöglich auch neue Seiten an
sich selbst.

„Willkommen in der Welt von Manga und Anime – einer Welt, in welcher der Fantasie keinerlei Grenzen gesetzt sind…"

Manga

Was sind Manga?

"Als Allererstes sollten wir uns zunächst einmal damit beschäftigen, was Manga überhaupt sind."

Manga sind eine besondere Form von Comics, die ihren Ursprung in Japan haben und sich durch ihre einzigartige Erzählweise und ihren Stil auszeichnen. Der Begriff „Manga" setzt sich aus den Wörtern „man" (unregelmäßig, verspielt) und „ga" (Bild) zusammen, was „verspielte Bilder" bedeutet. Sie sind in der Regel schwarz-weiß und legen großen Wert auf detaillierte Zeichnungen sowie ausdrucksstarke Charaktere, die die Emotionen und die Dynamik der Geschichten verstärken.

Die Ursprünge des Manga reichen bis in die Edo-Zeit (17. bis 19. Jahrhundert) zurück, als in Japan erste bildhafte Erzählformen entstanden. Die moderne Form des Manga entwickelte sich jedoch erst nach dem Zweiten Weltkrieg. Ein bedeutender Pionier dieser Bewegung war Osamu Tezuka, der als „Vater des Manga" gilt und das Genre maßgeblich prägte. In den 1950er Jahren begann Manga in Japan an Popularität zu gewinnen und setzte sich im Laufe der Jahre auch international durch.

Ein charakteristisches Merkmal von Manga ist ihre traditionelle Lesereihenfolge: Sie werden von hinten nach vorne sowie von rechts nach links gelesen, was westlichen Leserinnen und Lesern zunächst ungewohnt erscheint. Diese Art des Lesens ist tief in der japanischen Tradition verwurzelt und spiegelt die Struktur vieler klassischer japanischer Texte wider. Manga zeichnen sich durch einen detailreichen und lebendigen Zeichenstil aus, der die Handlung visuell mitreißend untermalt. Besonders auffällig sind die großen, ausdrucksstarken Augen, die selbst feinste Emotionen eindrucksvoll vermitteln, sowie die dynamischen Bewegungen, die Szenen voller Action und Spannung kraftvoll zur Geltung bringen.

Diese Stilmittel machen Gefühle greifbar und intensivieren die Dramatik der Geschichte auf einzigartige Weise.

Manga sind ein unglaublich vielseitiges Medium und decken eine riesige Bandbreite an Themen ab. Ob Action, Abenteuer, Fantasy, Romantik, Horror oder Science-Fiction – Manga bieten für nahezu jedes Interesse etwas. Sie richten sich nicht nur an bestimmte Altersgruppen oder Zielgruppen, sondern sprechen Menschen jeden Alters und mit unterschiedlichen Vorlieben an. Diese Vielfalt hat dazu beigetragen, dass Manga weltweit zu einem kulturellen Phänomen wurde. Besonders in den 1990er Jahren erreichte Manga auch außerhalb Japans, insbesondere in den USA und Europa, große Popularität. Serien wie Dragon Ball Z, Pokémon und Naruto trugen maßgeblich zur Verbreitung des Genres bei.

Heute sind Manga ein fester Bestandteil der globalen Popkultur. Ihre einzigartige Mischung aus tiefgründigen Erzählungen und visuell beeindruckenden Elementen hat sie zu einer Kunstform gemacht, die in vielen Teilen der Welt eine riesige Anhängerschaft gefunden hat. In Deutschland hingegen haben Manga noch immer nicht die breite Masse erreicht und werden oft fälschlicherweise als etwas für Kinder oder als Nischenphänomen betrachtet. Dabei decken sie eine weite Themenpalette ab und sprechen längst nicht nur ein junges Publikum an.

Manga bieten weit mehr als bloße Unterhaltung – sie regen zum Nachdenken an und setzen sich oft mit komplexen, emotionalen sowie gesellschaftlichen Themen auseinander. Sie schaffen es, tiefgründige Fragen zu stellen und gleichzeitig unterhaltsame, fesselnde Geschichten zu erzählen. Ob es nun um aufregende Abenteuer, intensive innere Konflikte oder berührende zwischenmenschliche Beziehungen geht – Manga bieten für jede Leserin und jeden Leser etwas. Sie sprechen ein breites Publikum an und eröffnen vielfältige Perspektiven, die weit über einfache Unterhaltung hinausgehen.

Manga-Genres und ihre Vielfalt

Manga decken eine beeindruckend breite Palette von Themen ab, und ihre Genres sind ebenso vielfältig wie die Leser, die sie genießen. Jedes Genre zeichnet sich durch seinen eigenen Charakter, spezifische Themen und unverwechselbare Stilrichtungen aus. Während einige Manga-Genres gezielt auf bestimmte Altersgruppen oder Interessen ausgerichtet sind, sprechen andere universelle Themen an, die eine breitere Leserschaft erreichen.

In der Welt des Manga gibt es jedoch auch zahlreiche Genre-Kombinationen, die oft zu einzigartigen und vielschichtigen Geschichten führen. Manga-Autoren experimentieren gerne mit der Mischung verschiedener Genres, um ihre Erzählungen noch interessanter und abwechslungsreicher zu gestalten. So kann ein Manga zum Beispiel sowohl Action- als auch Romance-Elemente enthalten, oder eine Fantasy-Geschichte kann mit Adventure- und Comedy-Elementen angereichert sein. Diese genreübergreifenden Erzählstränge erweitern das thematische Spektrum, erhöhen die Spannung und machen den Erzählfluss abwechslungsreicher.

Ein herausragendes Beispiel hierfür ist Fullmetal Alchemist, das geschickt die Genres Fantasy, Action und Adventure miteinander kombiniert und gleichzeitig tiefgründige Themen wie Psychologie und Drama anspricht. Auch My Hero Academia vereint Superhelden- und Action-Elemente, integriert jedoch zusätzlich Slice-of-Life- und Comedy-Aspekte, was der Geschichte eine breite Anziehungskraft verleiht.

Die Verschmelzung von Genres eröffnet den Manga-Schöpfern zahlreiche kreative Möglichkeiten, innovative und abwechslungsreiche Werke zu schaffen, die unterschiedliche Leseransprüche ansprechen und neue Erzählperspektiven eröffnen. Diese Mischung ist ein wesentlicher Bestandteil der Kreativität und Vielfalt, die Manga zu einem einzigartigen und fesselnden Medium machen.

Die bekanntesten Manga-Genres

Hauptgenre

Shonen

Shonen-Manga richten sich vor allem an junge Männer im Alter von 12 bis 18 Jahren und konzentrieren sich typischerweise auf Action, Abenteuer und das Wachstum des Protagonisten. Diese Manga bieten oft packende Kämpfe und epische Abenteuer, bei denen der Hauptcharakter verschiedene Herausforderungen meistern muss, um seine Ziele zu erreichen. Shonen-Geschichten zeichnen sich durch eine starke Entwicklung des Protagonisten aus, der oft mit inneren und äußeren Konflikten konfrontiert wird, was zu einer tiefgehenden persönlichen Reifung führt. Häufig stehen auch Themen wie Freundschaft, Loyalität und Selbstüberwindung im Vordergrund, während die Geschichte vor allem durch ihre Dynamik und Spannung getragen wird.

Beispiele:

One Piece: Ein Abenteuer über Monkey D. Ruffy und seine Crew auf der Suche nach dem legendären Schatz "One Piece", bei dem die Bedeutung von Freundschaft und Mut zentral ist.

Naruto: Die Reise eines jungen Ninjas, Naruto Uzumaki, der von einem Außenseiter zu einem angesehenen Anführer wächst, während er seine inneren Dämonen besiegt.

Dragon Ball: Die Geschichte von Son Goku, einem jungen Kämpfer, der auf seiner Suche nach den Dragon Balls immer stärkeren Gegnern gegenübertritt und dabei die Welt rettet.

Shojo

Shojo-Manga sprechen vor allem junge Mädchen zwischen 10 und 18 Jahren an und zeichnen sich durch romantische Erzählungen aus, die sich auf zwischenmenschliche Beziehungen, Gefühle und die emotionale Entwicklung der Charaktere konzentrieren. Diese Manga setzen oft auf einfühlsame Darstellungen von Liebe, Freundschaft und Konflikten im sozialen Umfeld, wobei der Fokus häufig auf den Gefühlen der Hauptfigur liegt. Die Geschichten sind oft von einer sanften, idealisierten Ästhetik geprägt, was durch den detailreichen, zarten Zeichenstil unterstützt wird. Shojo-Manga behandeln häufig Themen wie die Selbstfindung und den Umgang mit schwierigen Lebenssituationen.

Beispiele:

Sailor Moon: Die Geschichte von Usagi Tsukino, die sich in die magische Kriegerin Sailor Moon verwandelt, um die Welt vor dunklen Mächten zu schützen, dabei aber auch ihre eigene innere Stärke entdeckt.

Fruits Basket: Ein tiefgründiges Drama, das sich um das Leben eines Mädchens dreht, das von einer Familie aufgenommen wird, deren Mitglieder sich in Tiere des chinesischen Tierkreises verwandeln.

Ouran High School Host Club: Eine romantische Komödie über ein Mädchen, das sich als Junge verkleidet, um in einem Host Club einer Elite-Schule zu arbeiten und sich in die Mitglieder des Clubs zu verlieben.

Seinen

Seinen-Manga richten sich an erwachsene Männer (18 bis 40 Jahre) und behandeln häufig komplexere Themen, die tiefere und oft düstere gesellschaftliche, philosophische oder psychologische Fragen aufwerfen. Diese Manga zeichnen sich durch realistische Darstellungen, anspruchsvollere Erzählstrukturen und eine oftmals tiefgründigere Auseinandersetzung mit menschlichen Konflikten aus. Die Protagonisten sind häufig vielschichtiger, und die Geschichten behandeln die dunklen Seiten der Gesellschaft oder den inneren Kampf des Einzelnen. Seinen-Manga bieten eine breitere thematische Palette, die von politischer Satire bis hin zu philosophischen Überlegungen reichen kann.

Beispiele:

Berserk: Ein episches, düsteres Fantasy-Drama, das sich um den Krieger Guts dreht, der in einer brutalistischen Welt voller Gewalt und dunkler Magie überlebt.

Tokyo Ghoul: Die Geschichte von Ken Kaneki, der nach einem Unfall zum Halb-Ghul wird und in einer Welt voller übernatürlicher Kreaturen um sein Überleben kämpft, dabei jedoch mit seiner eigenen Identität und den moralischen Implikationen seiner Verwandlung hadert.

Ghost in the Shell: Ein futuristisches Cyberpunk-Manga, das sich mit der Frage der künstlichen Intelligenz und der Verschmelzung von Mensch und Maschine im digitalen Zeitalter befasst.

Josei

Josei-Manga richten sich an erwachsene Frauen und bieten realistische Darstellungen von Beziehungen, dem Erwachsenenleben und den Herausforderungen des täglichen Lebens. Diese Manga zeichnen sich durch komplexe, erwachsene Themen aus, die in einer nuancierten und oft erwachsenen Weise behandelt werden. Im Gegensatz zu Shojo-Manga, die tendenziell idealisierte Darstellungen bieten, sind Josei-Manga realistischer und stellen die schwierigen, oft komplexen Aspekte von Beziehungen und dem Alltag dar. Diese Geschichten behandeln häufig Themen wie berufliche Probleme, Selbstfindung und die Herausforderungen moderner Beziehungen.

Beispiele:

Nana: Ein tief emotionales Drama, das sich mit den Lebenswegen von zwei Frauen beschäftigt, die denselben Namen tragen, aber unterschiedliche Leben führen und sich durch ihre Beziehung zueinander weiterentwickeln.

Paradise Kiss: Ein romantisches Drama, das die Geschichte eines Mädchens erzählt, das sich in den unkonventionellen Modedesigner George verliebt, und dabei mehr über sich selbst und die Welt der Mode lernt.

Honey and Clover: Ein Slice-of-Life-Manga, der das Leben von Kunststudenten in Tokio verfolgt, die mit den Herausforderungen des Erwachsenseins, der Liebe und der Karriere zu kämpfen haben.

Kodomomuke

Kodomomuke-Manga richten sich an Kinder und bieten einfache, lehrreiche Geschichten, die moralische oder soziale Werte vermitteln. Diese Manga sind besonders kinderfreundlich und oft humorvoll oder fantasievoll, um die junge Leserschaft zu unterhalten und zu erziehen. Die Erzählungen sind einfach strukturiert, beinhalten jedoch häufig eine moralische Botschaft oder Lebensweisheit. Diese Manga sind ideal für junge Leser, die erste Erfahrungen mit dem Medium Manga sammeln möchten.

Beispiele:

Doraemon: Ein beliebtes Abenteuer, das die Geschichte eines Roboters aus der Zukunft erzählt, der einem Jungen hilft, verschiedene Probleme mit seinen fantastischen Erfindungen zu lösen.

Anpanman: Ein Kinderklassiker, der die Abenteuer eines selbstlosen Helden verfolgt, der gegen böse Mächte kämpft und Kindern wichtige Lebenslektionen über Freundlichkeit und Hilfsbereitschaft vermittelt.

Pokémon: Ein weltberühmtes Franchise, das sich um Ash Ketchum und seine Pokémon dreht, die auf Reisen gehen, um der beste Pokémon-Trainer der Welt zu werden und dabei Freundschaft und Zusammenarbeit lernen.

Untergenre

Mecha

Mecha-Manga konzentrieren sich auf riesige Roboter oder Maschinen, die in futuristischen oder dystopischen Welten zum Einsatz kommen. Diese Geschichten gehören meist zum Science-Fiction-Genre und bieten epische Erzählungen über technologische Entwicklungen, Kriege und die Beziehung zwischen Mensch und Maschine. Oft geht es um Themen wie künstliche Intelligenz, den menschlichen Drang nach Macht und die Gefahren von übertriebenem technologischen Fortschritt.

Beispiele:

Neon Genesis Evangelion: Eine tiefgründige Serie, die sich mit der Psyche der Piloten riesiger Mechas und den existenziellen Fragen einer zerstörten Welt auseinandersetzt.

Mobile Suit Gundam: Eine epische Space Opera, die sich um den Krieg zwischen verschiedenen Fraktionen im Weltraum dreht, wobei riesige Kriegsmaschinen das zentrale Element sind.

Tengen Toppa Gurren Lagann: Eine actiongeladene Geschichte über den Kampf gegen übermächtige Feinde, bei der der Hauptcharakter in einem riesigen Mecha durch das Universum reist.

Horror

Das Horror-Genre in Manga zielt darauf ab, Angst und Schrecken zu erzeugen. Diese Geschichten können übernatürliche Wesen, Monster, Geister oder psychologische Thriller beinhalten, welche die Leser in eine düstere und spannungsgeladene Atmosphäre entführen. Die Erzählungen sind oft darauf ausgelegt, den Nervenkitzel des Unbekannten oder das Grauen des Verborgenen zu vermitteln.

Beispiele:

Tokyo Ghoul: Ein düsteres Werk über einen jungen Mann, der zum Halb-Monster wird und sich mit den dunklen Seiten der Gesellschaft auseinandersetzen muss.

Another: Eine gruselige Mystery-Serie, in der Schüler an einer Schule von übernatürlichen Ereignissen geplagt werden, die mit tragischen Unfällen und unerklärlichen Todesfällen verknüpft sind.

Uzumaki: Eine Geschichte über eine Stadt, die von einem schrecklichen Fluch befallen wird, der alles in spiralförmige Muster zieht, was zu immer bizarreren und furchteinflößenderen Ereignissen führt.

Fantasy

Fantasy-Manga entführen die Leser in fantastische Welten voller Magie, mystischer Wesen und epischer Abenteuer. Diese Geschichten spielen in imaginären Welten, die häufig mittelalterliche oder magische Elemente enthalten, und bieten dem Leser eine Flucht aus der Realität. Sie können mit klassischen Fantasy-Themen wie Drachentötern, Zauberei und geheimen Königreichen gefüllt sein.

Beispiele:

Fullmetal Alchemist: Eine Geschichte über zwei Brüder, die in einer Welt, in der Alchemie das wichtigste magische System ist, auf der Suche nach dem Philosophenstein sind, um ihre Körper wiederherzustellen.

Attack on Titan: Ein episches Abenteuer, das in einer Welt spielt, in der Menschen in einer von gigantischen Mauern umschlossenen Stadt leben, um sich vor riesigen humanoiden Kreaturen zu schützen.

Magi: The Labyrinth of Magic: Eine Geschichte, die auf arabischen Märchen basiert und die Abenteuer von Aladdin sowie seinen Freunden in einer magischen Welt mit antiken Wundern und dunklen Geheimnissen verfolgt.

Sci-Fi (Science-Fiction)

Manga aus dem Sci-Fi-Genre behandeln futuristische Technologien, den Weltraum und die möglichen Auswirkungen von wissenschaftlichen Entwicklungen auf die Gesellschaft. Sie bieten oft visionäre Erzählungen, die sich mit den Gefahren und Chancen des technologischen Fortschritts beschäftigen. Themen wie künstliche Intelligenz, Zeitreisen und Weltraumexploration sind häufige Elemente.

Beispiele:

Akira: Ein wegweisendes Werk über den Machtmissbrauch durch technologische Experimente und die Auswirkungen von übernatürlichen Kräften auf eine dystopische Zukunft.

Steins;Gate: Eine fesselnde Geschichte, die sich um Zeitreisen und die psychologischen Folgen dreht, die diese auf die Charaktere sowie ihre Welt haben.

Psycho-Pass: In einer Zukunft, in der Technologie das menschliche Verhalten überwacht und kontrolliert, untersucht dieser Manga Fragen über Freiheit, Kontrolle und Gerechtigkeit.

Romance

Romantik steht im Mittelpunkt dieses Genres, das sich auf die Entwicklung von Liebesgeschichten und zwischenmenschlichen Beziehungen konzentriert. Diese Manga können sowohl heitere, als auch dramatische Wendungen beinhalten und beschäftigen sich oft mit den Herausforderungen, die mit der Liebe und der Suche nach dem richtigen Partner verbunden sind. Sie bieten emotionale Achterbahnfahrten und beleuchten die Komplexität romantischer Beziehungen.

Beispiele:

Kimi ni Todoke: Eine sanfte Geschichte über ein schüchternes Mädchen, das sich mit der Hilfe ihrer Freunde und einer zarten Romanze selbst findet.

Lovely★Complex: Eine romantische Komödie, die sich mit den Unsicherheiten eines Mädchens und eines Jungen beschäftigt, die aufgrund ihrer Körpergrößenkomplexe miteinander zu kämpfen haben.

Ao Haru Ride: Ein Drama über eine unglückliche Liebe, die durch die Wiedervereinigung zweier Jugendfreunde, die sich nach Jahren wieder begegnen, neu entfacht wird.

Slice of Life

Slice-of-Life-Manga bieten realistische und oft beruhigende Einblicke in das Alltagsleben der Charaktere. Diese Geschichten konzentrieren sich auf die kleinen, aber bedeutsamen Momente im Leben, seien es Beziehungen, berufliche Herausforderungen oder alltägliche Freuden und Probleme. Slice of Life bietet den Lesern die Möglichkeit, sich mit den Charakteren zu identifizieren und die Nuancen des Lebens auf eine tiefgründige Weise zu erleben.

Beispiele:

March Comes in Like a Lion: Ein emotionales Drama über einen jungen Shogi-Spieler, der mit seinen persönlichen Dämonen kämpft und dabei durch die Freundschaft mit anderen Menschen Heilung findet.

Barakamon: Die Geschichte eines Kalligraphen, der auf einer abgelegenen Insel lebt und dort durch die Begegnung mit den Dorfbewohnern und einem lebhaften kleinen Jungen neue Lebensperspektiven gewinnt.

Clannad: Ein Drama über die schwierige und doch wunderschöne Reise des Erwachsenwerdens und die Verbindungen, die man im Leben knüpft.

Sports

Sport-Manga erzählen Geschichten, die sich um sportliche Wettbewerbe, Training und die Entwicklung von Fähigkeiten drehen. Sie sind von einem starken Gefühl von Motivation, Teamgeist und persönlicher Weiterentwicklung geprägt. Häufig geht es um den spirituellen und körperlichen Kampf der Charaktere, ihre Ziele zu erreichen und in einem bestimmten Sportbereich an die Spitze zu kommen.

Beispiele:

Haikyuu!!: Ein Volleyball-Manga, der sich mit dem Traum eines Jungen befasst, ein erfolgreicher Volleyballspieler zu werden, und die Bedeutung von Teamarbeit und Ausdauer hervorhebt.

Kuroko no Basket: Die Geschichte eines geheimen Basketballtalents, das sein Team zu großen Erfolgen führen möchte, während er seine eigenen Fähigkeiten und die seiner Teamkollegen weiterentwickelt.

Yuri on Ice: Ein emotionaler Manga über den Eiskunstlauf und die aufkommende Beziehung zwischen zwei männlichen Athleten, die in der Welt des Spitzensports konkurrieren.

Mystery

Mystery-Manga beschäftigen sich mit der Lösung von Rätseln, Kriminalfällen und mysteriösen Ereignissen. Diese Geschichten verfolgen häufig Ermittler oder Detektive, die in die dunklen Ecken der Gesellschaft vordringen, um das Geheimnis zu lösen. Spannung, unerwartete Wendungen und die Jagd nach der Wahrheit sind die treibenden Kräfte hinter diesen Erzählungen.

Beispiele:

Detective Conan: Die Geschichte eines jungen Detektivs, der nach einem missglückten Mordversuch in den Körper eines Kindes versetzt wird und weiterhin Fälle löst, während er seine eigene Identität geheim hält.

Death Note: Ein psychologisches Thriller über einen Schüler, der ein Notizbuch findet, dass es ihm ermöglicht, Menschen zu töten, indem er ihre Namen aufschreibt, und die Jagd nach ihm durch einen genialen Detektiv.

Monster: Ein Thriller über einen Neurochirurgen, der in eine mörderische Verschwörung verwickelt wird, als er versucht, ein geheimnisvolles Kind vor einer dunklen Vergangenheit zu retten.

Historical

Historische Manga entführen die Leser in vergangene Epochen und erzählen Geschichten, die auf echten historischen Ereignissen oder berühmten Persönlichkeiten basieren. Sie kombinieren oft Unterhaltung mit Bildungswert und bieten eine interessante Möglichkeit, mehr über vergangene Zeiten zu erfahren.

Beispiele:

Vinland Saga: Ein episches Werk, das die Geschichte von Wikingern und deren Eroberungen im Mittelalter erzählt.

Rurouni Kenshin: Die Geschichte eines wandernden Schwertkämpfers in der Meiji-Zeit, der versucht, seine blutige Vergangenheit hinter sich zu lassen.

Kingdom: Ein epischer Kriegsmanga, der die Geschichte der chinesischen Drei Reiche während des antiken China nachzeichnet.

Superhero

Superhelden-Manga bieten Geschichten über Charaktere mit außergewöhnlichen Fähigkeiten, die gegen Bösewichte kämpfen und die Welt retten müssen. Diese Manga beschäftigen sich oft mit Themen wie Macht, Verantwortung und dem Kampf zwischen Gut und Böse.

Beispiele:

My Hero Academia: In einer Welt, in der fast jeder Superkräfte hat, geht es um einen Jungen ohne Kräfte, der sein Ziel verfolgt, ein Held zu werden.

One Punch Man: Die Geschichte eines Helden, der mit einem einzigen Schlag alle seine Feinde besiegt, aber nach einem erfüllten Leben auf der Suche nach einer echten Herausforderung ist.

Tiger & Bunny: In einer Welt, in der Superhelden als Teil eines Reality-TV-Programms arbeiten, geht es um die Zusammenarbeit und Rivalität zweier Helden, die gemeinsam gegen Verbrecher kämpfen.

Psychological

Psychologische Manga konzentrieren sich auf die inneren Konflikte und komplexen emotionalen Herausforderungen der Charaktere. Sie behandeln Themen wie Angst, moralische Dilemmata oder psychologische Spannungen.

Beispiele:

Death Note: Ein Thriller, der die moralischen Grenzen und das Machtstreben eines Genies untersucht, der ein Notizbuch benutzt, um Leben zu nehmen.

The Promised Neverland: Eine düstere Geschichte über Waisenkinder, die in einer brutalen Welt um ihr Überleben kämpfen müssen.

Black Swan: Eine psychologische Erzählung, die die dunklen Aspekte von Perfektionismus und mentaler Gesundheit in der Welt des Balletts thematisiert.

Adventure

Adventure-Manga bieten epische Reisen und aufregende Erlebnisse, bei denen die Protagonisten große Herausforderungen bestehen müssen. Diese Geschichten führen die Charaktere in exotische, fantasievolle Welten.

Beispiele:

One Piece: Die Abenteuer des Piraten Monkey D. Ruffy, der nach dem legendären One Piece sucht und dabei zahlreiche Prüfungen bestehen muss.

Hunter x Hunter: Ein junger Junge geht auf die Suche nach seinem vermissten Vater, wobei er Prüfungen und gefährliche Gegner überwindet.

Made in Abyss: Eine Reise in einen riesigen Abgrund, in dem mysteriöse Kreaturen und gefährliche Gefahren lauern, während die Charaktere nach Antworten suchen.

Action

Action-Manga sind von schnellen, aufregenden Szenen geprägt, die Kämpfe und dramatische Momente umfassen. Sie bieten eine hohe Intensität und häufig spannende Auseinandersetzungen.

Beispiele:

Attack on Titan: Menschen kämpfen gegen riesige Titanen, welche die letzte Menschheitsfestung bedrohen.

Bleach: Ein Junge erhält übernatürliche Kräfte und kämpft gegen böse Geister und dunkle Wesen.

Naruto: Ein Ninja mit dem Traum, der stärkste Ninja zu werden, kämpft gegen gefährliche Feinde und wächst über sich hinaus.

Comedy

Comedy-Manga sind darauf ausgelegt, humorvolle Elemente in die Geschichten zu integrieren. Sie kombinieren oft übertriebene Charaktere und absurde Situationen, um die Leser zum Lachen zu bringen.

Beispiele:

Great Teacher Onizuka (GTO): Ein ehemaliger Yakuza wird Lehrer und muss mit unorthodoxen Methoden seine rebellischen Schüler in den Griff bekommen.

Gintama: Ein humorvolles, chaotisches Abenteuer eines Söldners in einer Welt voller außerirdischer Invasoren und historischer Anspielungen.

Konosuba: Eine Parodie auf klassische Fantasy-Abenteuer, in der der Held und seine unglücklichen Gefährten immer wieder in absurden Situationen landen.

Diese Vielzahl an Genre veranschaulichen die beeindruckende Vielfalt der Manga-Welt und bieten den Autoren eine nahezu grenzenlose Möglichkeit, Geschichten aus unterschiedlichsten Perspektiven und in einer Vielzahl von Stilrichtungen zu erzählen. Jedes Genre zeichnet sich durch seine eigenen spezifischen Merkmale aus, sei es durch die Art der Erzählweise, die Entwicklung der Charaktere oder die behandelten Themen.
Diese Vielfalt erlaubt es, eine breite Palette an Emotionen, Erlebnissen und Weltanschauungen zu vermitteln, wodurch Manga in der Lage sind, Leser auf ganz verschiedene Weisen zu fesseln. Die einzigartigen Eigenschaften jedes Genres tragen entscheidend dazu bei, dass Manga als Medium sowohl dynamisch als auch unverwechselbar bleibt, und dass es eine breite und vielfältige Leserschaft anspricht, die sich kontinuierlich vergrößert.

Die „Big 3" (The Big Three)

In der Welt von Manga und Anime gibt es viele erfolgreiche Serien, aber nur wenige haben einen so prägnanten und bleibenden Einfluss auf die Kultur wie die sogenannten **„Big 3" (The Big Three)**. Dieser Begriff bezeichnet drei außergewöhnlich populäre Shonen-Manga, die in den 2000er-Jahren weltweit einen gigantischen Erfolg feierten und das Gesicht des modernen Manga- und Anime-Genres nachhaltig prägten: One Piece, Naruto und Bleach. Diese Serien waren nicht nur die Eckpfeiler einer ganzen Generation von Fans, sondern setzten neue Maßstäbe in den Bereichen Erzählkunst, Action, Charakterentwicklung und der weltweiten Verbreitung von Anime.

Die „Big 3" (The Big Three) sind keine zufällige Auswahl, sondern Meisterwerke, die nahezu gleichzeitig im renommierten Manga-Magazin Weekly Shonen Jump veröffentlicht wurden und das Genre auf ein neues Niveau hoben. In ihrer Blütezeit dominierten sie nicht nur die Verkaufscharts, sondern auch die Bildschirme der Anime-Welt. Jede dieser Serien brachte etwas Einzigartiges mit sich, sei es die tiefgehende Weltgestaltung, die komplexe Charakterentwicklung oder die packenden, actiongeladenen Handlungsstränge. Diese Merkmale machten One Piece, Naruto und Bleach zu unverzichtbaren Klassikern der Manga-Literatur und trugen maßgeblich dazu bei, Manga und Anime weltweit bekannt und populär zu machen.

One Piece von Eiichiro Oda, das 1997 debütierte und bis heute mit keinem Ende in Sicht fortgesetzt wird, erzählt die Geschichte von Monkey D. Ruffy, einem jungen Piraten, der sich auf die Suche nach dem legendären Schatz „One Piece" begibt, um der König der Piraten zu werden. Mit seiner fantasievollen und riesigen Welt, den unglaublich tiefgründigen Charakteren und den emotionalen Erlebnissen, die die Figuren durchleben, begeistert One Piece

Millionen von Fans weltweit. Die Serie ist nicht nur für ihre epischen Abenteuer und die spannende Jagd nach dem ultimativen Ziel bekannt, sondern auch für die Themen Freundschaft, Loyalität und das Streben nach eigenen Träumen – Werte, die sie zu einem zeitlosen Klassiker machen und den Fans noch lange im Gedächtnis bleiben.

Naruto von Masashi Kishimoto, lief von 1999 bis 2014 und begleitet einen Waisenjungen, der in einer Welt der Ninjas lebt und davon träumt, das höchste Amt seines Dorfes zu erreichen – den Hokage. Naruto überzeugt durch seine packende Charakterentwicklung, die emotional aufgeladenen Kämpfe sowie die Themen von Freundschaft, Selbstfindung und der Überwindung von inneren und äußeren Hindernissen. Besonders der innere Kampf von Naruto mit seiner eigenen Identität und seinen Dämonen spricht viele Fans an. Die Serie ist ein Meisterwerk darin, die Bedeutung von Ausdauer und Mut zu betonen, selbst in den schwierigsten Momenten.

Bleach von Tite Kubo, das von 2001 bis 2016 erschien, entfaltet sich in einer Welt, die die moderne Realität mit übernatürlichen und spirituellen Aspekten verknüpft. Die Geschichte folgt Ichigo Kurosaki, einem Jugendlichen, der unerwartet die Kräfte eines „Soul Reapers" erhält und fortan gegen böse Geister – die sogenannten Hollows – kämpft, um die Welt der Lebenden und der Toten zu schützen. Bleach ist besonders für seinen markanten Zeichenstil, die dynamischen und intensiven Kämpfe sowie das ikonische Charakterdesign bekannt. Neben den actionreichen Kämpfen thematisiert die Serie auch tiefgründige Fragen zu Leben, Tod und Moral.

Die „Big 3" (The Big Three) sind aus mehreren Gründen so bedeutend: Sie prägten nicht nur das Manga- und Anime-Genre, sondern trugen auch entscheidend dazu bei, Manga und Anime einem weltweiten Publikum zugänglich zu machen. Ihre Erfolge ebneten den Weg für zahlreiche Nachfolger und beeinflussten Generationen von kreativen Köpfen, die von diesen Serien inspiriert wurden. Durch ihre außergewöhnliche Popularität setzten sie die Maßstäbe für spätere Werke und trugen zur globalen Verbreitung von Manga und Anime bei.

Durch ihren nachhaltigen Einfluss sind One Piece, Naruto und Bleach mehr als nur Serien – sie sind kulturelle Phänomene, die das Medium Manga und Anime für immer verändert haben. Auch Jahre nach ihrem Höhepunkt sind sie nach wie vor tief im Herzen ihrer Fans verankert und bleiben in der Popkultur ein unumstrittener Teil der Manga-Geschichte. Sie sind nicht nur bedeutende Werke der Unterhaltung, sondern auch Meilensteine einer neuen Ära, die die Welt des Anime und Manga maßgeblich prägte und die Begeisterung für diese Kunstform weltweit entfachte.

Obwohl heute neue Serien wie My Hero Academia, Demon Slayer oder Jujutsu Kaisen ähnliche Erfolge feiern, bleibt der Begriff „Big 3" fest mit One Piece, Naruto und Bleach verbunden. Sie markieren eine goldene Ära des Shonen-Mangas, die nicht nur den Markt eroberten, sondern das Genre selbst neu definierten. Dennoch dürfen Werke wie Dragon Ball, Yu-Gi-Oh und Detektiv Conan nicht unerwähnt bleiben, da auch sie die Manga-Kultur entscheidend mitgeprägt haben und weiterhin zu den wichtigsten Ikonen des Mediums gehören.

Die Sonderstellung von Dragon Ball

Obwohl Dragon Ball von Akira Toriyama bereits in den 1980er-Jahren begann und oft als Wegbereiter der modernen Manga-Kultur angesehen wird, verdient die Serie eine besonders hervorzuhebende Erwähnung. Als einer der ersten Manga, der weltweit Anerkennung fand, legte Dragon Ball den Grundstein für den Erfolg vieler späterer Serien, einschließlich der „Big 3". Mit seinem Fokus auf epische Kämpfe, packende Rivalitäten und einer unerschütterlichen Heldenreise revolutionierte Dragon Ball das Shonen-Genre und bleibt bis heute ein unvergleichliches kulturelles Phänomen. Die Serie prägte nicht nur Manga und Anime, sondern beeinflusste auch die gesamte Kultur der actionorientierten Unterhaltung.

Die Bedeutung von Yu-Gi-Oh!

Yu-Gi-Oh! von Kazuki Takahashi ist ein weiteres herausragendes Beispiel für den weitreichenden Einfluss von Manga. Ursprünglich als Manga-Serie gestartet, erlangte es durch das gleichnamige Kartenspiel weltweite Bekanntheit. Yu-Gi-Oh! setzte neue Maßstäbe, indem es die interaktive Dimension von Spielen mit einer packenden Erzählung verband und eine völlig neue Art von Popkultur prägte. Die fesselnden Duelle, die mystischen Themen und die strategischen Elemente faszinierten eine ganze Generation. Dabei war die Geschichte um Yugi Mutou und seine Abenteuer nicht nur eine spannende Erzählung, sondern auch der Grundstein für ein globales Phänomen. Mit seiner Verbindung von Fantasie und Strategie bereicherte Yu-Gi-Oh! das Manga-Universum auf einzigartige Weise.

Eine Erwähnung von Detektiv Conan

Ein weiteres bemerkenswertes Werk, das häufig in Diskussionen über erfolgreiche Manga genannt wird, ist Detektiv Conan von Gosho Aoyama. Auch wenn es nicht Teil der klassischen „Big 3" ist, hat diese Serie eine ähnliche, langanhaltende Popularität erreicht. Sie folgt dem jungen Detektiv Shinichi Kudo, der nach einem Giftanschlag in den Körper eines Kindes schrumpft und fortan unter dem Namen „Conan" komplexe Kriminalfälle löst. Detektiv Conan ist bekannt für seine cleveren und oft überraschenden Rätsel, die intelligenten Ermittlungen und die fortlaufende, spannende Geschichte. Mit über 1000 Episoden und einer jahrzehntelangen Manga-Laufzeit bleibt Detektiv Conan ein herausragendes Beispiel für langlebigen Erfolg im Manga-Bereich. Die Serie hat sich als eines der beständigsten und einflussreichsten Werke der Branche etabliert und begeistert auch heute noch Millionen von Fans weltweit.

Protagonist und Antagonist

In der Welt des Manga und Anime sind die Begriffe Protagonist und Antagonist von zentraler Bedeutung, da sie die tragenden Säulen jeder Erzählung darstellen. Diese beiden archetypischen Figuren sind maßgeblich an der Entwicklung der Geschichte und der Charaktere beteiligt. Die Art und Weise, wie sie in Manga und Anime dargestellt werden, unterscheidet sich jedoch oft von traditionellen westlichen Erzählstrukturen. In diesem Aufsatz werde ich die Rollen von Protagonist und Antagonist in Manga und Anime näher beleuchten und ihre Unterschiede sowie Gemeinsamkeiten analysieren.

Der Protagonist:
Der Held im Zentrum der Geschichte

Der Protagonist ist die Hauptfigur einer Geschichte, durch deren Perspektive das Publikum die Ereignisse erlebt. In Manga und Anime ist der Protagonist oft ein Charakter, dessen Reise sowohl eine äußere als auch eine innere Entwicklung umfasst.
Diese Entwicklung bildet häufig das Herzstück der Handlung.
Der Protagonist wird meistens mit einem klaren Ziel konfrontiert, das er durch verschiedene Herausforderungen und Hindernisse erreichen möchte. Besonders hervorzuheben ist dabei, dass Manga- und Anime-Protagonisten in der Regel nicht nur äußerlich, sondern auch innerlich wachsen. Sie erfahren eine tiefgreifende Charakterentwicklung, die ihre Stärken, Schwächen und ihre menschliche Seite betont.

Ein markantes Merkmal des Protagonisten in Manga und Anime ist die Charakterentwicklung, die oft weitaus komplexer und tiefgründiger ausfällt als in vielen westlichen Erzählungen.
Zu Beginn einer Geschichte ist der Protagonist häufig noch unerfahren, naiv oder unsicher, aber im Verlauf der Handlung

wächst er über sich hinaus. Diese Transformation, sei es emotional, intellektuell oder durch Stärke, macht den Charakter für das Publikum zugänglich und nachvollziehbar.

Ein herausragendes Beispiel für einen klassischen Protagonisten im Manga ist Naruto Uzumaki aus der Serie Naruto. Zu Beginn der Geschichte ist Naruto ein Außenseiter, der um Anerkennung kämpft und den Traum hat, Hokage, der Anführer seines Dorfes, zu werden. Im Verlauf der Serie durchläuft er eine bemerkenswerte Entwicklung und wächst von einem ungestümen Jungen zu einem starken und selbstbewussten Anführer. Diese Reise der Reifung und des Wachstums zieht das Publikum in ihren Bann und macht den Protagonisten zu einer Figur, mit der sich viele identifizieren können.

Der Antagonist:
Der Gegenspieler mit Komplexität

Der Antagonist ist derjenige, der dem Protagonisten entgegensteht und meist die Quelle der Konflikte in der Geschichte darstellt. In vielen westlichen Erzählungen wird der Antagonist häufig als „böse" Figur dargestellt, deren einzige Aufgabe es ist, dem Helden zu schaden. In Manga und Anime jedoch ist der Antagonist oft viel komplexer und seine Motivation ist nicht immer auf einfaches „Böse" reduziert. Stattdessen ist der Antagonist in vielen Fällen eine tiefgründige und vielschichtige Figur, die selbst ihre eigenen Beweggründe und Ziele verfolgt.

Ein interessantes Merkmal des Antagonisten in Manga und Anime ist seine häufige Darstellung als eine Figur, die moralisch nicht eindeutig ist. Antagonisten sind oft keine eindimensionalen „Bösen", sondern Figuren, die aus persönlichen Traumata, Missverständnissen oder verzerrten Weltanschauungen heraus handeln.
Diese Komplexität macht den Antagonisten zu einer faszinierenden Figur, die nicht nur als Hindernis für den Protagonisten dient, sondern auch als Spiegel für dessen eigene Entwicklung.

In vielen Fällen sind der Protagonist und der Antagonist in ihrer Entwicklung stark miteinander verbunden. Sie teilen oft ähnliche Ziele, verfolgen aber völlig unterschiedliche Methoden oder Philosophien. Diese parallele Entwicklung verstärkt den Konflikt zwischen den beiden Figuren und lässt die Erzählung tiefgründiger und facettenreicher erscheinen.

Ein Paradebeispiel für einen vielschichtigen Antagonisten ist Sasuke Uchiha aus Naruto. Sasuke beginnt als Freund und Rivale von Naruto, entwickelt sich jedoch nach dem Verlust seiner Familie und seiner Suche nach Rache zu einem Antagonisten. Trotz seines Strebens nach Zerstörung und Gewalt bleibt Sasuke eine tragische

Figur, deren Motivationen und innerer Konflikt den Zuschauer zum Nachdenken anregen. Er ist kein einfacher Bösewicht, sondern eine komplexe Figur, die das Publikum sowohl verstehen als auch bedauern kann.

In vielen Manga und Anime wird der Antagonist als Spiegelbild des Protagonisten dargestellt. Beide Charaktere verfolgen ähnliche Ziele oder Ideale, jedoch auf völlig unterschiedliche Weisen. Dieser „Spiegelbild-Ansatz" verstärkt nicht nur den Konflikt zwischen den beiden, sondern hebt auch moralische Dilemmata hervor, mit denen der Protagonist konfrontiert wird.

Ein ausgezeichnetes Beispiel für dieses Konzept ist die Beziehung zwischen Light Yagami und L in Death Note. Beide Charaktere sind extrem intelligent und haben das gleiche Ziel: eine bessere Welt zu schaffen. Light jedoch verfolgt sein Ziel durch Mord und Manipulation, während L als Vertreter des Gesetzes gegen ihn kämpft. Diese philosophischen und moralischen Differenzen machen ihren Konflikt zu einem intensiven, geistigen Duell, das die Serie zu einem packenden Erlebnis für das Publikum macht.
In Manga und Anime wird der Antagonist oft nicht nur als einfacher Widersacher des Protagonisten gesehen, sondern als eine Figur, die tiefer in die Geschichte und die Themen der Erzählung eingreift. Der Antagonist kann dabei die bestehenden Werte, Systeme oder gesellschaftliche Normen infrage stellen, was seine Rolle weit über die eines bloßen Gegenspielers hinaushebt. Diese moralische Komplexität und die tiefgründige Motivation der Antagonisten machen sie zu einer der faszinierendsten Facetten des Manga- und Anime-Genres.

Aizen Sosuke aus Bleach ist ein solcher Antagonist.
Aizen beginnt als vertrauenswürdiger Kapitän der 5. Division, doch
später stellt sich heraus, dass er die Gesellschaft der Seelen und ihre
Führer manipuliert hat, um eine neue Weltordnung zu erschaffen.
Seine Handlungen und seine Philosophie stellen nicht nur den
Protagonisten, Ichigo Kurosaki, sondern auch die gesamte Struktur
der Soul Society infrage. Aizen wird so zu einer Figur, deren
Motivationen weit über das bloße Streben nach Macht hinausgehen
und die die gesamte moralische Struktur der Serie in Frage stellt.

In Manga und Anime sind Protagonist und Antagonist nicht nur
einfache Gegensätze, sondern vielschichtige, sich entwickelnde
Figuren, deren Interaktionen den Kern der Erzählung bilden.
Der Protagonist ist häufig eine Figur, die eine Reise der
Selbstentdeckung und des Wachstums durchlebt, während der
Antagonist nicht nur als Bösewicht, sondern als eine komplexe,
oft tragische Figur erscheint. Durch die Wechselwirkungen zwischen
diesen beiden Charakteren entstehen tiefgründige Konflikte und
moralische Dilemmata, die Manga und Anime zu einem
einzigartigen und faszinierenden Medium für erzählerische
Innovation machen.

Bekannte Protagonisten

Bekannte Protagonisten in Manga und Anime, die durch ihre einzigartige Charakterentwicklung, außergewöhnliche Fähigkeiten, unaufhaltsame Entschlossenheit, moralische Komplexität und den bleibenden Einfluss auf die Welt um sie herum herausstechen:

Naruto Uzumaki (Naruto)

Naruto ist der Inbegriff des kämpferischen Helden, der seine Schwächen überwindet und gegen alle Widrigkeiten antritt, um Anerkennung und Frieden zu erlangen. Seine Reise vom Außenseiter zum führenden Helden ist sowohl inspirierend als auch emotional.

Monkey D. Luffy (One Piece)

Luffy ist ein unerschütterlicher und optimistischer Charakter, der an seine Freunde und Träume glaubt. Seine Abenteuerlust und sein unerschütterlicher Glaube an Freiheit und Freundschaft machen ihn zu einem der beliebtesten Protagonisten.

Ichigo Kurosaki (Bleach)

Ichigo ist ein außergewöhnlicher Held, der in die Welt der Shinigami eintaucht, um seine Freunde zu schützen. Mit seinen beeindruckenden Kräften und seiner Entwicklung als Charakter zählt er zu den beliebtesten Protagonisten im Shonen-Genre.

Son Goku (Dragon Ball)

Goku ist der Archetyp des strahlenden Helden, der sich unaufhörlich weiterentwickelt, um stärker zu werden und seine Freunde zu beschützen. Trotz seiner einfachen Natur und seines kindlichen Gemüts wächst er zu einem der größten Kämpfer des Animes.

Guts (Berserk)

Warum? Guts ist der Inbegriff des tragischen Helden, dessen Leben von Gewalt, Verlust und persönlichem Kampf geprägt ist. Als Krieger mit einer zerrütteten Vergangenheit kämpft er nicht nur gegen äußere Feinde, sondern auch gegen seine inneren Dämonen. Sein unerschütterlicher Wille, zu überleben und für die wenigen Menschen, die er liebt, zu kämpfen, macht ihn zu einem der tiefgründigsten und bewegendsten Charaktere in der Anime-Welt.

Edward Elric (Fullmetal Alchemist: Brotherhood)

Edward ist ein leidenschaftlicher und entschlossener Charakter, der alles für die Rückgewinnung seines Körpers und seines Bruders tun würde. Seine Reise ist sowohl von persönlicher als auch von moralischer Bedeutung, was ihn zu einem tiefgründigen Helden macht.

Izuku Midoriya (My Hero Academia)

Midoriya ist der Held, der seine Kräfte nicht durch Geburt erhält, sondern durch harte Arbeit und Entschlossenheit. Seine Reise von einem schwachen Kind zu einem Symbol der Hoffnung zeigt eine bemerkenswerte Entwicklung und inspirierende Entschlossenheit.

Natsu Dragneel (Fairy Tail)

Natsu ist ein unerschütterlicher Charakter mit einer tiefen Loyalität gegenüber seinen Freunden. Seine aufgeschlossene und feurige Persönlichkeit sowie seine unermüdliche Bereitschaft, zu kämpfen, machen ihn zu einem der bekanntesten und beliebtesten Anime-Helden.

Kamina (Tengen Toppa Gurren Lagann)

Kamina ist ein Symbol für unerschütterlichen Mut und das Streben nach Freiheit. Mit seiner charismatischen Persönlichkeit und seinem unstillbaren Glauben an das Potenzial der Menschen bleibt er auch nach seinem Tod eine große Inspirationsquelle.

Vash the Stampede (Trigun)

Vash ist ein liebenswerter und philosophischer Held, der trotz seines chaotischen Lebensstils einen tiefen Sinn für Frieden und Gerechtigkeit besitzt. Seine Reise ist emotional und geprägt von seiner inneren Zerrissenheit und dem Glauben an das Gute im Menschen.

Yusuke Urameshi (Yu Yu Hakusho)

Yusuke ist ein rebellischer und zynischer Held, der nach seinem Tod als Detektiv für das Jenseits arbeitet. Seine Entwicklung von einem wilden Teenager zu einem verantwortungsbewussten Helden macht ihn zu einem der ikonischsten Protagonisten des Shonen-Genres.

Saitama (One Punch Man)

Saitama ist der übermächtige Held, der in der Lage ist, jeden Gegner mit einem einzigen Schlag zu besiegen. Trotz seines überwältigenden Powers bleibt er emotional und human, was ihm eine tiefere Dimension verleiht, als es auf den ersten Blick scheint.

Kenshin Himura (Rurouni Kenshin)

Kenshin ist ein ehemaliger Assassine, der einen Weg des Friedens und der Erlösung sucht. Seine Reise, sein Leben und die Auseinandersetzung mit seiner dunklen Vergangenheit machen ihn zu einem der komplexesten und bewunderten Helden.

Saber (Fate/stay night)

Saber, alias Artoria Pendragon, ist eine der stärksten und vielschichtigsten Heldinnen im Anime. Ihre Rolle als Ritterin und König stellt sie vor ständige innere Konflikte zwischen Pflichtbewusstsein und persönlichen Sehnsüchten.
Ihre unerschütterliche Loyalität und die tragische Spannung zwischen ihrem Verantwortungsgefühl und ihrem Wunsch nach individuellem Glück machen sie zu einer tiefgründigen und ikonischen Figur.

Protagonisten sind die zentralen Figuren einer Geschichte, um die sich die Handlung entfaltet. Sie durchlaufen eine Charakterentwicklung, wachsen an ihren Herausforderungen und verändern sich im Laufe der Erzählung. Ihre Ziele und Motivationen treiben die Handlung voran. Oft zeigen sie menschliche Schwächen, die es dem Publikum ermöglichen, sich mit ihnen zu identifizieren. Protagonisten sind die treibende Kraft der Geschichte, deren Reise und Entwicklung die Erzählung maßgeblich prägen.

Bekannte Antagonisten

Bekannte Antagonisten in Manga und Anime, die aufgrund ihrer Komplexität, Macht, Einfluss und unvergesslichen Präsenz als besonders herausragend gelten:

Itachi Uchiha (Naruto)

Itachi ist der Inbegriff eines tragischen Helden. Als Mitglied des Uchiha-Clans vereint er außergewöhnliche Kampfkunst mit einer tiefgründigen, komplexen Persönlichkeit. Seine Entscheidungen, die oft von schwierigen moralischen Dilemmata geprägt sind, und die Beweggründe hinter seinen Taten machen ihn zu einem der eindrucksvollsten und erschreckendsten Antagonisten der Anime-Geschichte. Itachi opfert alles, was ihm lieb und teuer ist, um ein größeres Ziel zu erreichen – darunter sogar seine eigene Familie. Diese opferbereiten Handlungen hinterlassen nicht nur einen bleibenden Eindruck auf die Welt von Naruto, sondern berühren auch die Zuschauer auf einer emotionalen und philosophischen Ebene. Itachis Geschichte ist weit mehr als nur ein Wendepunkt für die Handlung; sie ist eine tiefgehende Erzählung über Opfer, Schmerz und die undurchsichtigen Grenzen von Moral, die in seiner tragischen Figur verkörpert werden.

Griffith (Berserk)

Griffith ist ein charismatischer, aber zutiefst komplexer Antagonist, dessen Aufstieg von einem edlen Anführer zu einem der furchterregendsten Bösewichte der Anime-Welt eine erschütternde Tragödie darstellt. Er opfert alles, einschließlich seiner eigenen Freunde, um seine Vision von einer perfekten Welt zu verwirklichen, was ihn zu einem Symbol für Verrat und Ambition macht. Seine Fähigkeit, andere zu manipulieren und zu seinem eigenen Vorteil zu nutzen, gepaart mit seiner charismatischen Ausstrahlung, macht ihn zu einem der unvergesslichsten und moralisch ambivalenten Antagonisten in der Anime-Geschichte.

Light Yagami (Death Note)

Light Yagami ist der Inbegriff eines Antagonisten, dessen Machenschaften auf einer philosophischen Grundlage basieren. Mit dem Death Note beginnt er, die Welt nach seinen eigenen Vorstellungen zu verändern und verstrickt sich zunehmend in seine eigene Hybris. Er ist einer der faszinierendsten und komplexesten Antagonisten der Anime-Geschichte.

Frieza (Dragon Ball Z)

Frieza ist ein klassischer Bösewicht, der mit seiner Grausamkeit und seinem unerschütterlichen Glauben an seine eigene Überlegenheit zu einem ikonischen Antagonisten wurde. Er verkörpert das pure Böse und hat mehrere Generationen von Dragon Ball-Fans geprägt.

Madara Uchiha (Naruto)

Madara Uchiha ist ein Visionär und eine Quelle für viele der zentralen Konflikte in Naruto. Mit seiner Machthunger und seinem Wunsch, die Welt nach seinen Vorstellungen zu gestalten, ist er ein tiefgründiger, aber auch machtgieriger Antagonist.

Sosuke Aizen (Bleach)

Aizen ist der Meister der Täuschung und Manipulation. Mit seiner Fähigkeit, alle zu täuschen und seine wahren Motive zu verschleiern, wird er zu einem der faszinierendsten Antagonisten in der Welt von Bleach.

Lelouch vi Britannia (Code Geass)

Lelouch ist der perfekte Mix aus Antagonist und tragischem Helden. Er führt eine Revolution an, um sein Volk zu befreien, dabei bleibt er aber niemals von moralischen Dilemmata verschont. Die Frage, wie weit er für seine Ziele gehen darf, macht ihn zu einem der komplexesten Charaktere im Anime.

Eren Jaeger (Attack on Titan)

Eren Jaeger beginnt als Held, aber seine Wandlung in den finalen Staffeln von Attack on Titan zu einem Antagonisten macht ihn zu einem der faszinierendsten Charaktere im Anime. Seine Motivation, die Freiheit für sein Volk zu sichern, führt ihn zu extremen Maßnahmen, die sowohl als moralisch gerechtfertigt als auch als barbarisch betrachtet werden können.

Kyubey (Puella Magi Madoka Magica)

Kyubey erscheint zunächst als niedliches, hilfsbereites Wesen, doch im Verlauf der Serie zeigt sich, dass er die Schicksale der magischen Mädchen manipuliert, um seine eigene Existenz zu sichern. Seine scheinbare Kaltblütigkeit und Berechnung machen ihn zu einem der erschreckendsten Antagonisten.

Johan Liebert (Monster)

Johan ist ein Psychopath, dessen kalte und manipulierte Persönlichkeit ihm eine einzigartige Stellung als Antagonist verschafft. Sein Einfluss auf die Welt und die Menschen um ihn herum ist erschütternd, und sein Mangel an Empathie macht ihn zu einem der unheimlichsten Bösewichte.

Dio Brando (JoJo's Bizarre Adventure)

Dio ist ein unsterblicher Vampir mit einem unstillbaren Durst nach Macht und Kontrolle. Durch seine Manipulation und seine Grausamkeit über Jahrhunderte hinweg wird er zu einem der furchteinflößendsten Antagonisten der Anime-Geschichte.

Shigaraki Tomura (My Hero Academia)

Shigaraki ist der Anführer der Liga der Schurken und einer der komplexesten Antagonisten in My Hero Academia. Mit seiner Fähigkeit, alles zu zerstören, was er berührt, und seiner eigenen, tragischen Geschichte, stellt er eine ernsthafte Bedrohung für die Gesellschaft dar. Er ist ein Produkt seiner Vergangenheit und hat eine tief verwurzelte Abneigung gegen die Gesellschaft, was ihn zu einem faszinierenden und komplexen Gegner macht.

Hisoka (Hunter x Hunter)

Hisoka ist ein psychopathischer, manipulativer und extrem gefährlicher Charakter, dessen Motivation schwer zu fassen ist. Er ist ein brillanter Kämpfer und scheint an Chaos und Zerstörung interessiert zu sein, gleichzeitig aber auch an der Herausforderung, seine Gegner zu testen. Diese Unvorhersehbarkeit macht ihn zu einem faszinierenden und bedrohlichen Antagonisten.

Vater (Fullmetal Alchemist: Brotherhood)

Vater ist ein meisterhafter Manipulator und ein Symbol für die menschliche Gier und den Wunsch nach Unsterblichkeit. Mit seiner überheblichen Vision von Perfektion und seiner Rolle als eine der zentralen Bedrohungen in der Serie bleibt er einer der tiefgründigsten und bedrohlichsten Antagonisten.

Pain (Naruto: Shippuden)

Pain ist der Anführer der Akatsuki und repräsentiert den Schmerz und die Zerstörung, die durch den Krieg entstehen. Seine tragische Vergangenheit und seine Vision eines "Friedens durch Gewalt" machen ihn zu einem komplexen und philosophischen Antagonisten. Seine Fähigkeit, die "Six Paths of Pain" zu kontrollieren, und seine tiefe Überzeugung, dass nur durch extreme Maßnahmen echter Frieden erreicht werden kann, machen ihn zu einer ernsthaften Bedrohung und einem der erinnerungswürdigsten Feinde in Naruto: Shippuden.

Gendo Ikari (Neon Genesis Evangelion)

Gendo ist ein manipulativer und machthungriger Charakter, der sowohl als Vaterfigur als auch als Antagonist fungiert. Sein geheimer Plan, das Schicksal der Menschheit zu kontrollieren, und seine emotionale Entfremdung von seinem eigenen Sohn machen ihn zu einem faszinierenden, aber skrupellosen Charakter.

Antagonisten zeichnen sich nicht nur durch ihre Stärke und ihre Fähigkeit aus, den Protagonisten herauszufordern, sondern auch durch ihre komplexe und oft tiefgründige Motivation. Sie verfolgen Ziele, die im direkten Gegensatz zu denjenigen des Protagonisten stehen, wodurch sie Konflikte und Herausforderungen erzeugen. Ihre Handlungen und Entscheidungen beeinflussen die Handlung maßgeblich und tragen erheblich zur Charakterentwicklung bei. Oft sind Antagonisten nicht einfach „böse", sondern haben vielschichtige Beweggründe, die sie zu faszinierenden Gegenspielern machen und die Erzählung auf eine tiefere Ebene heben.

Was ist ein „Arc"?

In der Welt der Manga spielt der Begriff „Arc" – auch als Handlungsbogen bekannt – eine zentrale Rolle im Aufbau und der Erzählweise einer Geschichte. Ein Arc stellt einen in sich geschlossenen Abschnitt innerhalb des gesamten Handlungsverlaufs dar, der sich auf ein bestimmtes Thema, einen Konflikt oder ein Ziel konzentriert. Arcs können mehrere Kapitel oder sogar ganze Bände umfassen und bieten eine strukturierte Möglichkeit, komplexe Handlungsstränge zu entwickeln. Sie ermöglichen es, Charaktere zu vertiefen, Konflikte auszubauen und zentrale Themen gezielt zu behandeln. Durch die Unterteilung einer Geschichte in Arcs wird diese nicht nur übersichtlicher, sondern bleibt auch spannend, da jeder Arc eigene Höhepunkte und Abschlüsse bietet, die die Gesamterzählung vorantreiben. Arcs tragen so entscheidend dazu bei, die Aufmerksamkeit der Leser zu fesseln und die narrative Spannung langfristig aufrechtzuerhalten, ohne dass die Geschichte an Klarheit oder Fokus verliert.

Ein Arc beginnt meist mit einer neuen Herausforderung oder Situation für die Hauptfiguren. Im Verlauf entwickeln sich daraus Konflikte, es kommt zu überraschenden Wendungen, spannenden Auseinandersetzungen und wichtigen Entscheidungen. Am Ende eines Arcs steht oft ein dramatischer Höhepunkt – wie ein großer Kampf oder eine bedeutende Enthüllung – gefolgt von einer Auflösung, die in die nächste Phase der Geschichte überleitet. Gleichzeitig dienen Arcs dazu, Charaktere weiterzuentwickeln, neue Figuren einzuführen und die Welt des Manga zu erweitern.

Bekannte Manga-Serien wie One Piece, Naruto oder Attack on Titan bestehen aus vielen Arcs, die jeweils eine eigene Handlung mitbringen, jedoch Teil einer übergreifenden Geschichte sind. So erzählt der „Alabasta-Arc" in One Piece von einem Kampf zur Rettung eines Königreichs, während der „Pain-Arc" in Naruto eine intensive Auseinandersetzung mit einem der zentralen Gegenspieler beschreibt. Jeder Arc bringt neue Schauplätze, Gegner und emotionale Herausforderungen mit sich.

Zusammenfassend lässt sich sagen, dass Arcs eine fundamentale Rolle im Aufbau und der Spannung eines Manga spielen. Sie ermöglichen es den Lesern, der komplexen Handlung in klar gegliederten Etappen zu folgen, was die Geschichte zugänglicher und leichter nachvollziehbar macht. Gleichzeitig bieten Arcs den Autoren die Möglichkeit, gezielte Höhepunkte und Wendepunkte einzuführen, die die Spannung kontinuierlich steigern und das Interesse der Leser wachhalten. Sie sind zudem ein unverzichtbares Werkzeug, um Charaktere auf eine glaubwürdige und tiefgehende Weise zu entwickeln und ihr Wachstum authentisch darzustellen. Ohne die strukturierte Erzählweise und die emotionalen sowie narrativen Akzente, die Arcs setzen, wären viele der erfolgreichsten Manga-Reihen wahrscheinlich nicht in der Lage, die Leser mit derselben Intensität und Faszination zu packen, wie es heute der Fall ist. Arcs sind somit nicht nur ein stilistisches Mittel, sondern entscheidend dafür, dass Manga ihre einzigartige Erzählkraft entfalten können.

Bekannte Arcs

Golden Age Arc (Berserk)

Ein düsterer und emotional aufgeladener Arc, der die Anfänge von Guts' Reise beleuchtet und den glanzvollen, aber zugleich tragischen Aufstieg der Band of the Hawk darstellt.

Arlong Park Arc (One Piece)

Namis tragische Vergangenheit und Luffys epischer Kampf gegen Arlong machen diesen Arc zu einem der emotionalsten und bedeutendsten in One Piece.

Frieza-Saga (Dragon Ball Z)

Die legendäre Konfrontation zwischen Goku und Frieza, die mit Gokus Verwandlung zum Super-Saiyajin gipfelt, zählt zu den prägendsten Momenten der Anime-Geschichte.

Chunin-Ausbildungsprüfungs-Arc (Naruto)

Dieser Arc bietet nicht nur spannende Kämpfe, sondern auch tiefgehende Einblicke in die Entwicklung von Naruto, Sasuke und den anderen Teilnehmern der Prüfung.

Soul Society Arc (Bleach)

Ichigos Reise in die Soul Society, um seine Freunde zu retten, führt zu packenden Kämpfen und vielen aufregenden Enthüllungen über die Welt der Shinigami.

Mugen Train Arc (Demon Slayer)

Dieser emotionale Arc aus Demon Slayer bietet nicht nur packende Kämpfe, sondern auch einen tragischen Verlust, der die Herzen der Zuschauer erobert.

Marineford War (One Piece)

Der epische Marineford-Krieg, in dem viele der mächtigsten Charaktere aufeinandertreffen, stellt einen der dramatischsten Arcs in One Piece dar.

Aizen-Saga (Bleach)

Aizens Verrat und die darauffolgenden Enthüllungen über seine wahren Ziele treiben die Handlung von Bleach auf einen spannenden Höhepunkt.

Shiganshina District Arc (Attack on Titan)

Dieser Arc ist ein Wendepunkt in Attack on Titan, in dem Geheimnisse aufgedeckt und epische Kämpfe stattfinden, die das Schicksal der Menschheit beeinflussen.

Dressrosa Arc (One Piece)

Doflamingos Machenschaften und die politischen Intrigen in Dressrosa bieten nicht nur spannende Kämpfe, sondern auch tiefgehende moralische Konflikte.

Naruto vs. Sasuke (Final Battle) (Naruto)

Der legendäre Endkampf zwischen Naruto und Sasuke ist der Höhepunkt ihrer Rivalität und ein emotionaler Wendepunkt in der Serie.

Chimera Ant Arc (Hunter x Hunter)

Der Chimera Ant Arc stellt Gon und Killua vor die größten Herausforderungen ihres Lebens und führt zu einer düsteren, emotional aufgeladenen Entwicklung der Geschichte.

The Great Ninja War Arc (Naruto Shippuden)

Der Große Ninja-Krieg vereint die stärksten Kämpfer der Welt und stellt einen dramatischen Höhepunkt in Naruto Shippuden dar.

Phantom Troupe Arc (Hunter x Hunter)

Die Einführung der berüchtigten Phantom Troupe, einer der gefährlichsten Gruppen in Hunter x Hunter, sorgt für spannende Konflikte und moralische Dilemmata.

Tenkaichi Budokai (World Martial Arts Tournament) Arc (Dragon Ball)

Das Martial-Arts-Turnier in Dragon Ball bietet packende Kämpfe, bei denen die bekanntesten Charaktere gegeneinander antreten.

The Dark Tournament Arc (Yu Yu Hakusho)

Yusuke und seine Freunde nehmen an einem düsteren Turnier teil, bei dem sie gegen mächtige Gegner kämpfen, um das Schicksal der Welt zu entscheiden.

Elric Brothers' Journey Arc (Fullmetal Alchemist: Brotherhood)

Die Brüder Elric auf ihrer Reise, um ihre Körper wiederherzustellen, begegnen vielen Herausforderungen, die sie sowohl körperlich als auch moralisch auf die Probe stellen.

Pain-Arc (Naruto Shippuden)

Der Pain-Arc stellt Naruto vor die schwierigste moralische Entscheidung seines Lebens und führt zu einem dramatischen Höhepunkt in seiner Entwicklung.

Royal Knights Arc (Black Clover)

In diesem Arc werden Themen von Loyalität, Macht und Magie vertieft, während die Charaktere vor neuen Herausforderungen stehen, die ihre Entwicklung und das Schicksal ihrer Welt maßgeblich beeinflussen.

Marley Arc (Attack on Titan)

Dieser Arc eröffnet eine völlig neue Perspektive und erweitert den Hintergrundkonflikt der Serie, indem er die weltpolitische

Dimension und die Konfrontation mit einem mächtigen
Außenseiterstaat in den Vordergrund rückt.

Paranormal Liberation War Arc (My Hero Academia)

Ein groß angelegter, actiongeladener Konflikt, der Helden und
Schurken in einem alles bestimmenden Kampf gegenüberstellt.
Dieser Arc verändert nachhaltig die Machtverhältnisse in der Welt
von My Hero Academia.

Thousand-Year Blood War Arc (Bleach)

Der lang erwartete finale Konflikt in Bleach, in dem die Shinigami
sich einem epischen Krieg mit einer alten, mächtigen Bedrohung
stellen müssen. Dieser Arc kombiniert intensive Kämpfe mit
tiefgreifenden Enthüllungen über die Seelenwelt.

The Tower of God Arc (Tower of God)

Der Start des epischen Abenteuers in Tower of God führt den Leser
durch die mysteriöse Welt des Turms und die verschiedenen
Prüfungen, denen die Charaktere unterzogen werden. Dieser Arc
verwebt tiefgründige Geheimnisse und spannende Machtkämpfe.

Dark Continent Expedition Arc (Hunter x Hunter)

Der Dark Continent Arc erweitert das Universum von Hunter x
Hunter und gibt den Charakteren eine neue, gefährliche Mission, die
sie in unbekannte, unheimliche Welten führt.

The Fourth Holy Grail War (Fate/Stay Night)

Der Konflikt zwischen den Servants im Kampf um den Heiligen Gral
und die tragischen Geschichten der Helden bieten einen emotionalen
Höhepunkt, der sowohl die Charaktere als auch die Zuschauer
herausfordert.

Ein Überblick über die Vielfalt der Zeichenstile

Die Kunst des Manga zeichnet sich durch eine bemerkenswerte Vielfalt an Zeichenstilen aus, die nicht nur die Ästhetik des Werkes prägen, sondern auch tief mit den Themen, der Zielgruppe und der Atmosphäre der Geschichte verknüpft sind. Im Folgenden werden einige der charakteristischsten Zeichenstile im Manga beleuchtet, die dazu beitragen, dass Manga als kulturelles Phänomen so facettenreich und ansprechend bleibt.

Der Chibi-Stil

Der Chibi-Stil stellt Charaktere in einer extremen Übertreibung dar, wobei die Köpfe oft größer als der Körper sind und die Gesichtszüge stark vereinfacht werden. Chibi-Charaktere wirken durch ihre niedliche Darstellung humorvoll und tragen dazu bei, eine verspielte und leichte Atmosphäre zu schaffen. Dieser Stil wird häufig in komischen oder emotionalen Szenen eingesetzt, um den Humor zu verstärken oder ernste Momente zu kontrastieren. Manga wie One Piece oder Attack on Titan nutzen diesen Stil, um eine humorvolle Note einzubringen und die Beziehungen zwischen den Charakteren zu vertiefen.

Der Realistische Stil

Der realistische Zeichenstil im Manga strebt nach einer naturgetreueren Darstellung der Charaktere und ihrer Welt. Hier wird viel Wert auf präzise Anatomie gelegt, und die Hintergründe sind detailliert ausgearbeitet. Die Charaktere besitzen komplexe Gesichtszüge und Körperhaltungen, während Emotionen und Bewegungen realistisch dargestellt werden. Diese Art von Stil findet sich häufig in Manga, die sich mit ernsten, realistischen Themen befassen, wie etwa Monster oder Pluto.

Der realistische Stil unterstützt die düstere, psychologische Spannung der Erzählung und verstärkt die Intensität der Geschichte.

Der Skizzenhafte Stil

In einigen Manga wird der Zeichenstil absichtlich lose und skizzenhaft gehalten. Dieser Ansatz setzt auf weniger Details und eine spontane, energische Linienführung, um eine rohe und unpolierte Ästhetik zu erzeugen. Der skizzenhafte Stil kann eine Atmosphäre von Unmittelbarkeit und Dynamik schaffen, die besonders bei experimentellen oder surrealen Erzählungen zur Geltung kommt. Werke wie Berserk in den frühen Kapiteln oder die Werke von Takashi Taniguchi verwenden diesen Stil, um die Geschichte mit einer fast handgefertigten Intensität zu vermitteln.

Der Minimalistische Stil

Ein minimalistischer Zeichenstil im Manga zeichnet sich durch klare Linien, reduzierte Details und schlichte Hintergründe aus. Der Fokus liegt stark auf den Charakteren und ihren Dialogen, wobei unnötige visuelle Elemente vermieden werden. Dieser Stil kann eine besonders klare und prägnante Darstellung der Emotionen und Gedanken der Charaktere ermöglichen, ohne Ablenkungen durch überflüssige Details. Manga wie Solanin oder Komi Can't Communicate setzen auf diesen minimalistischen Ansatz, um eine tiefere emotionale Verbindung zwischen den Lesern und den Charakteren zu schaffen.

Der Retro-Stil

Der Retro-Stil erinnert an die frühen Jahre des Manga und Anime, speziell an die 70er und 80er Jahre. Charaktere und Szenen in diesem Stil zeichnen sich durch große, ausdrucksstarke Augen und eine weiche, runde Zeichnung aus, während die Bewegungen weniger komplex sind. Der Retro-Stil wird häufig in nostalgischen oder historischen Werken verwendet, wie in Astro Boy oder Lupin III. Hier wird der Charme und der künstlerische Ausdruck der damaligen Zeit gefeiert, und der Stil dient als Hommage an die Ursprünge des Mediums.

Die Zeichenstile im Manga sind ebenso vielfältig wie die Geschichten, die sie erzählen. Von verspielten, stilisierten Darstellungen bis hin zu realistischen und detaillierten Zeichnungen – jeder Stil trägt dazu bei, die Atmosphäre und die Themen der Geschichte auf einzigartige Weise zu unterstreichen.
Die Wahl des Zeichenstils ist entscheidend für die Wirkung eines Manga und beeinflusst, wie der Leser die Charaktere, ihre Welt und die Handlung wahrnimmt. Manga bleibt ein Medium, das durch seine künstlerische Vielfalt immer neue Ausdrucksformen findet und so kontinuierlich neue Facetten der visuellen Kommunikation erschließt.

Bekannte Mangaka

Osamu Tezuka

Bekannte Werke: Astro Boy, Black Jack, Phoenix
Genre: Science-Fiction, Abenteuer, Drama
Oft als „Gott des Manga" bezeichnet, schuf Tezuka den modernen Manga und beeinflusste eine ganze Generation von Künstlern. Er legte den Grundstein für den modernen Manga-Stil und behandelte in seinen Werken tiefgreifende Themen.

Akira Toriyama

Bekannte Werke: Dragon Ball, Dr. Slump
Genre: Action, Abenteuer, Comedy
Schöpfer von Dragon Ball, einer der bekanntesten und einflussreichsten Manga und Anime aller Zeiten. Toriyamas Einfluss auf das Action-Genre ist unvergleichlich.

Naoki Urasawa

Bekannte Werke: Monster, 20th Century Boys, Pluto
Genre: Psychologischer Thriller, Mystery, Drama
Urasawa ist bekannt für seine komplexen, spannungsgeladenen Thriller mit tiefgründigen Charakteren. Seine Werke sind weltweit gefeiert und haben das Thriller-Genre im Manga revolutioniert.

Rumiko Takahashi

Bekannte Werke: Inuyasha, Ranma ½, Urusei Yatsura
Genre: Comedy, Fantasy, Romance
Takahashi ist eine der erfolgreichsten Mangaka weltweit und bekannt für ihre humorvollen, aber auch emotional tiefgründigen

Geschichten. Ihre Werke gehören zu den bekanntesten der 80er und 90er Jahre.

Yoshihiro Togashi

Bekannte Werke: Yu Yu Hakusho, Hunter x Hunter
Genre: Action, Abenteuer, Supernatural
Togashi hat einige der bedeutendsten Shonen-Manga des 21. Jahrhunderts erschaffen. Besonders Hunter x Hunter wurde zu einem Klassiker und wird weiterhin stark bewundert.

Eiichiro Oda

Bekannte Werke: One Piece
Genre: Action, Abenteuer
Schöpfer von One Piece, dem weltweit meistverkauften Manga. Oda hat die Grenzen des Shonen-Mangas weiter ausgedehnt und ist ein unverzichtbarer Name in der Manga-Geschichte.

Kentaro Miura

Bekannte Werke: Berserk
Genre: Dark Fantasy, Action, Horror
Miura prägte das Dark-Fantasy-Genre mit Berserk, einer düsteren und tiefgründigen Geschichte über Rache, Schicksal und das Böse. Berserk hat weltweit eine riesige Anhängerschaft und hat zahlreiche Künstler beeinflusst.

Yoshitoki Ōima

Bekannte Werke: A Silent Voice (Koe no Katachi), To Your Eternity
Genre: Drama, Romance, Psychologische Themen
Ōima ist bekannt für ihre emotionalen Werke, die tiefgehende soziale Themen wie Mobbing und Akzeptanz behandeln.

A Silent Voice ist ein Meilenstein in der Darstellung von Mobbing und psychologischen Problemen.

Hajime Isayama

Bekannte Werke: Attack on Titan
Genre: Action, Horror, Post-Apokalypse
Attack on Titan hat das Action- und Horror-Genre im Manga revolutioniert und eine weltweite Popularität erreicht. Isayamas Werk wird für seine düstere Atmosphäre und die komplexen politischen Themen geschätzt.

Go Nagai

Bekannte Werke: Devilman, Mazinger Z
Genre: Action, Mecha, Horror
Nagai war ein Pionier des Mecha-Genres und brachte mit Devilman düstere und komplexe Themen wie Dämonen und menschliche Natur in den Mainstream.

Takashi Obata

Bekannte Werke: Death Note, Bakuman, Hikaru no Go
Genre: Psychologischer Thriller, Drama
Als Illustrator von Death Note hat Obata gemeinsam mit Tsugumi Ohba ein Werk erschaffen, das das Thriller-Genre in Manga neu definierte. Er ist auch bekannt für seine detaillierte und präzise Zeichentechnik.

Akira Hiramoto

Bekannte Werke: Prison School
Genre: Comedy, Ecchi, Harem
Hiramoto schuf Prison School, eine provokante und humorvolle
Geschichte, die weltweit Kultstatus erlangte. Er ist bekannt für seine
einzigartige Mischung aus Comedy und erotischen Elementen.

Yoshikazu Yasuhiko

Bekannte Werke: Mobile Suit Gundam: The Origin
Genre: Mecha, Science-Fiction
Yasuhiko ist für seine Arbeiten im Mobile Suit Gundam-Universum
bekannt, wo er sowohl als Manga-Zeichner als auch als Animator
hervortrat. The Origin zählt zu den bedeutendsten Mecha-Mangas.

Tite Kubo

Bekannte Werke: Bleach
Genre: Action, Supernatural, Shonen
Kubo revolutionierte das Shonen-Genre mit Bleach, einer epischen
Geschichte über einen Teenager, der als Seelensammler kämpft.
Bleach wurde zu einem weltweiten Phänomen und prägte eine ganze
Generation.

Hiro Mashima

Bekannte Werke: Fairy Tail, Rave Master
Genre: Action, Fantasy, Adventure
Mashima ist bekannt für seine actiongeladenen, fantasievollen
Mangas, die große Beliebtheit erlangten. Fairy Tail war einer der
erfolgreichsten Shonen-Manga der 2000er Jahre.

Masashi Kishimoto

Bekannte Werke: Naruto, Boruto
Genre: Action, Adventure, Ninja
Kishimoto erschuf mit Naruto einen der größten Shonen-Manga der Geschichte. Die Serie hat weltweit Fans und einen enormen Einfluss auf die Manga-Industrie.

Natsuki Takaya

Bekannte Werke: Fruits Basket
Genre: Romance, Drama, Fantasy
Takaya schuf mit Fruits Basket einen der erfolgreichsten Shojo-Manga, der auch im Westen große Anerkennung fand. Ihre Arbeit wird für die tiefgehende Charakterentwicklung und die Mischung aus Humor und Ernsthaftigkeit geschätzt.

CLAMP

Bekannte Werke: Cardcaptor Sakura, Magic Knight Rayearth, xxxHolic
Genre: Shojo, Fantasy, Magie
CLAMP ist ein kreatives Kollektiv, das einige der erfolgreichsten Shojo-Manga aller Zeiten geschaffen hat. Ihre Werke sind für ihren einzigartigen Zeichenstil und die komplexen Geschichten bekannt.

Hideaki Anno

Bekannte Werke: Neon Genesis Evangelion
Genre: Mecha, Psychologisch, Dystopie
Anno prägte nicht nur das Mecha-Genre, sondern brachte mit Neon Genesis Evangelion tief psychologische Themen in Anime und Manga, die den gesamten Medienbereich beeinflussten.

Kaoru Mori

Bekannte Werke: Emma, Ooku, The Bride's Story
Genre: Historical, Romance, Drama
Mori ist bekannt für ihre detaillierte und historische Darstellung von Beziehungen und Gesellschaften. Ihre Werke sind oft in historischen Settings angesiedelt und sind für ihre feinfühlige Erzählweise berühmt.

Katsuhiro Otomo

Bekannte Werke: Akira
Genre: Cyberpunk, Science-Fiction, Dystopie
Otomo revolutionierte die Manga-Welt mit Akira, einem der bekanntesten und einflussreichsten Werke des Cyberpunk-Genres. Es hat nicht nur Manga, sondern auch den Anime-Markt maßgeblich geprägt.

Gōseki Kojima

Bekannte Werke: Lone Wolf and Cub
Genre: Historisch, Samurai, Action
Als Illustrator von Lone Wolf and Cub brachte Kojima das Samurai-Genre in den Manga-Mainstream und half, die Erzählweise von historischen Mangas zu etablieren.

Hirohiko Araki

Bekannte Werke: JoJo's Bizarre Adventure
Genre: Action, Supernatural, Fantasy
Araki ist berühmt für seinen einzigartigen Zeichenstil und die exzentrische Erzählweise in JoJo's Bizarre Adventure. Die Serie hat eine riesige Fangemeinde und beeinflusste sowohl Manga als auch Popkultur weltweit.

Takehiko Inoue

Bekannte Werke: Slam Dunk, Vagabond
Genre: Sports, Historisch, Action
Inoue hat mit Slam Dunk den Sport-Manga revolutioniert und mit Vagabond das Samurai-Genre mit einer realistischen Darstellung des Lebens von Musashi Miyamoto geprägt.

Kazuo Koike

Bekannte Werke: Lone Wolf and Cub, Samurai Executioner
Genre: Samurai, Action, Historisch
Koike prägte das Samurai-Genre und die Mangawelt mit Lone Wolf and Cub, einem seiner bekanntesten Werke, das in der Manga-Geschichte einen entscheidenden Platz einnimmt.

Manga - Empfehlungen

Akira – Katsuhiro Otomo

Genre: Cyberpunk, Science-Fiction, Dystopie
Erstveröffentlichung: 1982-1993
In einer post-apokalyptischen Zukunft in Tokyo, das nach einer
verheerenden Explosion zerstört wurde, geht es um Kaneda und
Tetsuo, zwei Jugendliche, die in einer kriminellen Bande leben.
Tetsuo erlangt plötzlich übernatürliche Kräfte, als er von einem
geheimen Regierungsprojekt ergriffen wird. Die Geschichte
behandelt Themen wie Macht, Korruption, die Rolle von
Technologie und die Auswirkungen auf die Gesellschaft.
Es ist bekannt für seine tiefgründige Erzählweise und seinen
revolutionären Zeichenstil. Der Manga ist ein Meisterwerk des
Cyberpunk-Genres und hatte großen Einfluss auf Manga und Anime
weltweit.

Alice in Borderland – Haro Aso

Genre: Thriller, Action, Mystery, Überlebensspiel
Erstveröffentlichung: 2010-2016
Der junge Arisu, zusammen mit seinen Freunden, wird in eine
alternative Dimension versetzt, in der sie an tödlichen Spielen
teilnehmen müssen, um zu überleben. Um dem grausamen System
zu entkommen, müssen die Spieler Rätsel lösen und überleben,
während sie sich ständig neuen Herausforderungen stellen.
Die Geschichte ist sowohl ein psychologischer Thriller als auch
ein Überlebensdrama, das die menschliche Natur in extremen
Situationen untersucht. Der Manga bietet eine spannende Mischung
aus Action, Intelligenz und Drama.

Atelier of Witch Hat (Tongari Bōshi no Atelier) – Kamome Shirahama

Genre: Fantasy, Magie
Erstveröffentlichung: 2016
Die junge Hexe Coco lebt in einer Welt, in der Magie durch Zeichnen von Symbolen funktioniert. Eines Tages erlangt sie durch einen Unfall verbotene Magie, was ihre Welt auf den Kopf stellt. Auf ihrer Reise entdeckt sie, dass das Erlernen von Magie nicht nur ein kreativer Akt ist, sondern tiefgreifende Konsequenzen mit sich bringt. Der Manga ist ein visuell faszinierendes Fantasy-Abenteuer, das Magie und ihre Regeln auf innovative Weise darstellt, gepaart mit einem charmanten und humorvollen Erzählstil.

Attack on Titan (Shingeki no Kyojin) – Hajime Isayama

Genre: Action, Drama, Fantasy, Horror
Erstveröffentlichung: 2009-2021
In einer Welt, die von gigantischen Titanen überrannt wird, lebt die Menschheit hinter riesigen Mauern, um sich zu schützen. Eren Yeager, der Protagonist, tritt der Militärpolizei bei, um die Titanen zu bekämpfen, nachdem seine Heimatstadt zerstört wurde. Während der Geschichte werden die Geheimnisse über die Titanen und die wahre Natur der Welt, in der sie leben, enthüllt. Der Manga ist bekannt für seine intensiven Kämpfe, tiefen moralischen Fragestellungen und seine komplexe Handlung, die politische und gesellschaftliche Themen behandelt.

Beastars – Paru Itagaki

Genre: Drama, Slice of Life, Psychologie, Anthropomorphismus
Erstveröffentlichung: 2016-2020
In einer Welt, in der anthropomorphe Tiere leben, dreht sich die Geschichte um den Wolf Legoshi, der sich mit den Konflikten zwischen Raubtieren und Pflanzenfressern auseinandersetzt.

Insbesondere seine Beziehung zu einer Kaninchenmädchen namens Haru wird zur zentralen Thematik, die die Frage behandelt, wie Tiere in einer Gesellschaft zusammenleben können, die von biologischen Instinkten und sozialen Normen geprägt ist. Der Manga erkundet Themen wie Identität, soziale Ungleichheit, Liebe und den Umgang mit den eigenen Instinkten.

Berserk – Kentaro Miura

Genre: Dark Fantasy, Horror, Action, Abenteuer
Erstveröffentlichung: 1989
„Berserk" folgt Guts, einem Einzelgänger und Krieger, der von einem schrecklichen Schicksal verfolgt wird. Der Manga behandelt seine Reise durch eine brutale und düstere Welt, in der Guts gegen Dämonen, korrupte Kirchen und übernatürliche Mächte kämpft. Es ist ein tiefgründiges Werk, das sich mit Themen wie Rache, Erlösung, Schicksal und menschlicher Verzweiflung beschäftigt. Der Manga ist bekannt für seine komplexe Erzählweise, tiefgründigen Charaktere und seine verstörenden Darstellungen von Gewalt.

Billy Bat – Naoki Urasawa

Genre: Thriller, Mystery, Drama
Erstveröffentlichung: 2008-2016
Der Manga folgt Kevin Yamagata, einem amerikanischen Comiczeichner, der entdeckt, dass die Figur „Billy Bat", die er erschaffen hat, in der realen Welt existiert und in eine geheimnisvolle Verschwörung verwickelt ist. Die Geschichte entfaltet sich über verschiedene Zeitebenen und thematisiert Verschwörungen, politische Intrigen und die Macht von Kunst. Urasawa verbindet in diesem Manga verschiedene historische und fiktive Elemente und verwebt sie zu einem komplexen Thriller.

BLAME! – Tsutomu Nihei

Genre: Science-Fiction, Cyberpunk
Erstveröffentlichung: 1997-2003
In einer fernen Zukunft, in der die Menschheit den Kontakt zu
ihrer ursprünglichen Heimat verloren hat, geht es um Killy,
einen mysteriösen Mann, der auf der Suche nach einem
menschlichen „Netzwerkzugangspunkt" ist. In einer Welt voller
Maschinen und genetischer Experimente kämpft er gegen künstliche
Intelligenzen und die Entfremdung der Menschheit. Der Manga ist
bekannt für seine minimalistische Erzählweise, seine komplexe Welt
und seine außergewöhnliche Darstellung von Technologie und
Zukunft.

Bleach – Tite Kubo

Genre: Action, Supernatural, Shonen
Erstveröffentlichung: 2001-2016
Der junge Ichigo Kurosaki wird nach einem Zufall zum
„Soul Reaper", einem Wächter, der die Seelen von Verstorbenen
beschützt. Zusammen mit seinen Freunden muss er gegen böse
Geister und andere Bedrohungen kämpfen, die das Gleichgewicht
zwischen den Welten stören. Die Serie ist bekannt
für ihre aufregenden Kämpfe, kreativen Charakterdesigns und
tiefgründigen Handlungsstränge.

Chainsaw Man – Tatsuki Fujimoto

Genre: Action, Horror, Comedy, Supernatural
Erstveröffentlichung: 2018-2020
Der junge Denji lebt als Armutsbetroffener und arbeitet als
Teufelsjäger, um seine Schulden zu begleichen. Nach seinem
Tod wird er von einem Teufel wiederbelebt und erhält die Fähigkeit,
sich in den „Chainsaw Man" zu verwandeln, ein Wesen mit einer
Kettensäge als Körperteil. Denji muss nun mit seiner neuen Identität

umgehen, während er gegen mächtige Dämonen kämpft. Der Manga ist für seine abgedrehte Handlung, schwarzen Humor und die Kombination aus Horror und Action bekannt.

Death Note – Tsugumi Ohba & Takeshi Obata

Genre: Thriller, Mystery, Supernatural, Psychologie
Erstveröffentlichung: 2003-2006
Light Yagami findet ein Notizbuch, das es ihm ermöglicht, jeden Menschen zu töten, dessen Namen er in das Buch schreibt. Er beschließt, das Notizbuch zu nutzen, um die Welt von Verbrechern zu befreien und eine neue Ordnung zu schaffen. Doch der brillante Detektiv L ist ihm auf den Fersen. Ein Katz-und-Maus-Spiel zwischen Light und L beginnt, das sich zu einem psychologischen Thriller entwickelt. Der Manga ist bekannt für seine komplexe Moral, seinen moralischen Dilemma und die faszinierenden Charaktere.

Dorohedoro – Q Hayashida

Genre: Action, Dark Fantasy, Mystery, Horror
Erstveröffentlichung: 2000-2018
In einer düsteren Welt lebt Caiman, ein Mann, dessen Kopf in einen Echsenkopf verwandelt wurde. Auf der Suche nach Antworten jagt er Zauberer, die für seine Verwandlung verantwortlich sind. Der Manga ist für seine unorthodoxe Erzählweise, seine grotesken Charaktere und die Mischung aus Gewalt, Humor und düsterer Fantasy bekannt.

Eden: It's an Endless World! – Hiroki Endo

Genre: Sci-Fi, Thriller, Politischer Manga
Erstveröffentlichung: 1997-2008
Die Geschichte spielt in einer post-apokalyptischen Zukunft, in der eine mysteriöse Krankheit die Menschheit dezimiert hat.

Die Überlebenden kämpfen um Ressourcen, während politische Machenschaften, Geheimorganisationen und soziale Strukturen die Welt beherrschen. Der Manga untersucht komplexe politische, ethische und gesellschaftliche Themen, die durch die Linse eines spannenden Thrillers dargestellt werden.

Emanon – Shinji Kajio & Kenji Tsuruta

Genre: Drama, Philosophisch
Erstveröffentlichung: 2003
Die Geschichte dreht sich um Emanon, ein Mädchen, das sich an ihr gesamtes Leben seit Beginn der Menschheit erinnert. Sie ist in der Lage, das Wissen und die Erfahrungen von Tausenden von Jahren zu nutzen, was sie zu einer einzigartigen Figur in einer ansonsten gewöhnlichen Welt macht. Der Manga behandelt tiefgehende Themen der Erinnerung, Identität und Existenz.

Fullmetal Alchemist – Hiromu Arakawa

Genre: Action, Abenteuer, Fantasy, Drama
Erstveröffentlichung: 2001-2010
Edward und Alphonse Elric, zwei Brüder, versuchen, das Geheimnis der Alchemie zu entschlüsseln, um die verlorenen Körperteile von Alphonse zurückzuerlangen. Dabei kämpfen sie gegen dunkle Mächte, die die Alchemie missbrauchen. Der Manga bietet eine fantastische Mischung aus Action, Humor und tiefgehenden philosophischen Fragestellungen zu Themen wie Verlust, Erlösung und Schicksal.

Gantz – Hiroya Oku

Genre: Action, Horror, Science-Fiction
Erstveröffentlichung: 2000-2013
Nach ihrem Tod werden Kei und sein Freund Kato in eine geheimnisvolle Spielwelt aufgenommen, in der sie gegen Aliens

kämpfen müssen, um Punkte zu sammeln. Diese Punkte können gegen ihre Freiheit eingetauscht werden. Doch je mehr sie kämpfen, desto mehr entdecken sie die finsteren Geheimnisse hinter dem Spiel. Der Manga ist berüchtigt für seine brutale Gewalt, seine komplexe Handlung und seine düstere Atmosphäre.

Gipfel der Götter (Kamigami no Itadaki) – Jirō Taniguchi & Baku Yumemakura

Genre: Drama, Abenteuer, Psychologie
Erstveröffentlichung: 2000
Ein tiefgründiger und realistischer Manga, der die Geschichte von einem unerschütterlichen Bergsteiger erzählt, der von einem mysteriösen und vergessenen Berggipfel besessen ist.
Es ist eine philosophische Auseinandersetzung mit den Themen Ehrgeiz, menschliche Grenzen und die spirituelle Bedeutung von Herausforderungen. Der Manga behandelt sowohl die physische als auch die psychologische Reise.

Homunculus – Hideo Yamamoto

Genre: Psychologischer Thriller, Horror
Erstveröffentlichung: 2003
Dieser düstere Manga folgt einem Mann, der in einem experimentellen medizinischen Verfahren ein drittes Auge erhält, das ihm die Fähigkeit gibt, die inneren Dämonen und verborgenen Ängste der Menschen zu sehen. Der Manga untersucht die psychologischen Abgründe der menschlichen Natur und ist von einem unheimlichen Horror geprägt, der tief in die Abgründe der menschlichen Psyche eintaucht.

Hunter x Hunter – Yoshihiro Togashi

Genre: Abenteuer, Action, Fantasy, Drama
Erstveröffentlichung: 1998
Hunter x Hunter folgt dem jungen Gon Freecss, der auf der Suche
nach seinem verschwundenen Vater, einem legendären Hunter,
die gefährliche Hunter-Prüfung bestehen muss. Während seiner
Reise trifft er auf treue Freunde wie Killua, Leorio und Kurapika,
die mit ihm zahlreiche Herausforderungen meistern.
Die Geschichte beeindruckt mit komplexen Charakteren, einem
einzigartigen Nen-System und unvorhersehbaren Wendungen.
Trotz wiederholter Pausen aufgrund gesundheitlicher Probleme des
Autors hat der Manga eine treue Anhängerschaft und gilt als eines
der bedeutendsten Werke des Shōnen-Genres.

Neon Genesis Evangelion – Yoshiyuki Sadamoto

Genre: Mecha, Drama, Psychological
Erstveröffentlichung: 1994–2014
Shinji Ikari, ein Teenager, wird als Pilot eines Mechas gegen die
mysteriösen Engel eingesetzt. Der Manga fokussiert sich jedoch auf
tiefgreifende psychologische Themen wie Trauma, Depression und
Identitätsfindung. Er ist bekannt für seine philosophische Tiefe und
die emotionale Komplexität der Charaktere.

Land der Juwelen (Land of the Lustrous) – Haruko Ichikawa

Genre: Fantasy, Abenteuer, Drama
Erstveröffentlichung: 2012
In einer Welt, die von menschenähnlichen Edelsteinen bewohnt
wird, kämpft die junge Edelstein-Hauptfigur Phosporite darum,
ihren Platz in einer gefährlichen, von Mondbewohnern bedrohten
Gesellschaft zu finden. Der Manga besticht durch seine einzigartige
Kunst, tiefgründige Charakterentwicklung und philosophische
Themen über Existenz und Identität.

Jojo's Bizarre Adventure – Hirohiko Araki

Genre: Action, Abenteuer, Superkräfte
Erstveröffentlichung: 1987
Eine lang andauernde Manga-Serie, die in verschiedene Teile
unterteilt ist, wobei jeder Teil eine neue Generation von Joestars
und ihre bizarre Abenteuer verfolgt. Die Geschichte kombiniert
Action, übernatürliche Fähigkeiten (bekannt als "Stands") und
einzigartige, stilisierte Artworks, die zu einem Klassiker in der
Manga- und Animewelt geworden sind.

Lone Wolf & Cub – Kazuo Koike & Goseki Kojima

Genre: Historischer Manga, Action, Drama
Erstveröffentlichung: 1970
Dieser ikonische Manga folgt einem ronin (ein Samurai ohne Herrn),
der mit seinem kleinen Kind durch das feudale Japan zieht.
Es ist eine der einflussreichsten und bekanntesten Manga-Reihen,
die von der traditionellen Samurai-Philosophie sowie der Beziehung
zwischen Vater und Sohn geprägt ist. Der Manga enthält brutale
Kämpfe und philosophische Reflexionen über Ehre, Rache und
die Last der Vergangenheit.

Magi: The Labyrinth of Magic – Shinobu Ohtaka

Genre: Abenteuer, Fantasy, Action
Erstveröffentlichung: 2009
Ein Manga, der lose auf den Erzählungen aus „Tausendundeiner
Nacht" basiert, in dem ein junger Junge namens Aladdin auf seiner
Reise viele fantastische Abenteuer erlebt. Er trifft auf neue Freunde,
wie Alibaba und Morgiana, und erfährt von Magie, Dschinn und der
politischen Korruption in einer von Magie beherrschten Welt.
Es geht um das Wachstum von Aladdin, die Geheimnisse um die
magischen Labyrinthe und den mysteriösen Djinn Ugo.

Monster – Naoki Urasawa

Genre: Thriller, Psychologie, Mystery
Erstveröffentlichung: 1994
Ein düsterer Thriller, der einem deutschen Neurochirurgen folgt,
der in den Mordfall eines seiner Patienten verwickelt wird, nur um
zu entdecken, dass er unwissentlich einen psychopathischen Killer
erschaffen hat. Der Manga ist ein Meisterwerk psychologischer
Spannung und untersucht die Natur des Bösen und die Abgründe
des menschlichen Verstands.

One Piece – Eiichiro Oda

Genre: Abenteuer, Action, Comedy
Erstveröffentlichung: 1997
Einer der beliebtesten und langlebigsten Manga aller Zeiten,
der die Geschichte von Monkey D. Ruffy und seiner Crew erzählt,
die auf der Suche nach dem „One Piece" sind, dem größten Schatz
der Welt. Der Manga vereint Abenteuer, Freundschaft und
einzigartige Weltbildung und hat eine immense weltweite
Fangemeinde.

Planetes – Makoto Yukimura

Genre: Science-Fiction, Drama, Slice-of-Life
Erstveröffentlichung: 1999
Dieser Manga spielt in einer nahen Zukunft, in der Menschen
die Erde verlassen haben, um den Weltraum zu kolonisieren.
Der Fokus liegt auf den Alltagserlebnissen von Raumfahrern,
die Trümmer im Orbit sammeln. Es ist eine Geschichte über
Menschlichkeit, Verantwortung und die Erkundung des Weltraums.

Pluto – Naoki Urasawa & Osamu Tezuka

Genre: Thriller, Science-Fiction, Mystery
Erstveröffentlichung: 2003
Dieser Manga ist eine moderne Neuinterpretation von Osamu
Tezukas „Astro Boy" und dreht sich um die Jagd nach einem
mysteriösen Serienmörder, der Roboter und Menschen
gleichermaßen ermordet. Die Geschichte berührt tiefgehende
Fragen zu Menschlichkeit, künstlicher Intelligenz und Gerechtigkeit.

Rurouni Kenshin – Nobuhiro Watsuki

Genre: Action, Historisch, Abenteuer
Erstveröffentlichung: 1994
Der Manga folgt Kenshin Himura, einem ehemaligen Auftragskiller
während der Meiji-Restauration in Japan. Nach seinen mörderischen
Taten schwört er, nie wieder zu töten. Die Serie verbindet historische
Fakten mit fiktionalen Elementen und erzählt von seinen Reisen, um
sich für seine Vergangenheit zu rächen und gleichzeitig seine neue
Lebensweise zu bewahren.

Slam Dunk – Takehiko Inoue

Genre: Sport, Comedy, Drama
Erstveröffentlichung: 1990
Ein Klassiker unter den Sport-Mangas, der die Geschichte von
Hanamichi Sakuragi erzählt, einem ehemaligen Schulaußenseiter,
der in der Basketballmannschaft seiner Schule landet.
Der Manga bringt Humor, emotionale Höhepunkte und faszinierende
Basketball-Action zusammen und gilt als ein Meisterwerk des
Genres.

The Promised Neverland – Kaiu Shirai & Posuka Demizu

Genre: Thriller, Horror, Drama
Erstveröffentlichung: 2016
Ein fesselnder Manga, der das Leben von Waisenkindern verfolgt, die in einem scheinbar idyllischen Waisenhaus leben, nur um herauszufinden, dass sie in Wirklichkeit als Nahrung für Dämonen gezüchtet werden. Die Geschichte ist ein spannendes Spiel von Intelligenz und Überlebenswillen.

Tokyo Ghoul – Sui Ishida

Genre: Horror, Thriller, Action
Erstveröffentlichung: 2011
Ein düsterer Manga, der einem jungen Mann folgt, der nach einem Unfall halb zu einem Ghoul wird – einem Wesen, das Menschen frisst. Es geht um seine Identitätskrise und seinen Kampf, in einer Welt zu überleben, die sowohl Menschen als auch Ghoule gegeneinander aufhetzt.

Vinland Saga – Makoto Yukimura

Genre: Historisch, Abenteuer, Drama
Erstveröffentlichung: 2005
Der Manga ist inspiriert von der Geschichte der Wikinger und folgt Thorfinn, einem jungen Krieger, der sich dem Ziel verschreibt, Rache an dem Mann zu nehmen, der seinen Vater ermordete. Die Geschichte erforscht Themen wie Ehre, Rache und das Leben der Wikinger in einer historischen Welt.

Vagabond – Takehiko Inoue

Genre: Historisch, Action, Drama
Erstveröffentlichung: 1998
Vagabond erzählt die Geschichte von Miyamoto Musashi, dem berühmten Samurai und Schwertkämpfer, und basiert auf dem Roman „Musashi" von Eiji Yoshikawa. Der Manga stellt sowohl die äußeren Kämpfe als auch die inneren Konflikte des Protagonisten dar, während er seinen Weg als Krieger und Mensch findet.

Yokohama Kaidashi Kikō – Hitoshi Ashinano

Genre: Slice-of-Life, Post-Apokalypse, Drama
Erstveröffentlichung: 1994
Ein ruhiger und nachdenklicher Manga, der in einer post-apokalyptischen Welt spielt, in der die Menschheit untergegangen ist. Die Geschichte folgt einer Roboterfrau, die eine kleine Café-Restaurant auf einem stillgelegten Grundstück betreibt. Der Manga bietet eine melancholische Auseinandersetzung mit dem Ende der menschlichen Zivilisation.

Uzumaki – Junji Ito

Genre: Horror, Psychologie
Erstveröffentlichung: 1998
Ein Horror-Manga, der sich um eine Stadt dreht, die von einer mysteriösen Spirale besessen ist. Die Spirale, sowohl als visuelles Motiv als auch als übernatürliche Kraft, führt zu Wahnsinn, Gewalt und anderen bizarre Ereignissen. Der Manga ist eine beispiellose Untersuchung des menschlichen Abgrunds.

20th Century Boys – Naoki Urasawa

Genre: Thriller, Mystery, Sci-Fi
Erstveröffentlichung: 1999
Ein komplexer Manga, der sich mit einer Gruppe von Freunden
beschäftigt, die in ihrer Kindheit eine Geschichte erfinden,
die Jahre später in einer globalen Verschwörung wahr wird.
Der Manga kombiniert Mystery, Thriller und Science-Fiction,
während er tief in die Themen Erinnerung und Verantwortung
eintaucht.

Innocent – Shin'ichi Sakamoto

Genre: Historisches Drama, Thriller
Erstveröffentlichung: 2013-2018
Innocent folgt der Sanson-Familie, die während der Französischen
Revolution als Henker arbeitete. Im Mittelpunkt steht Charles-Henri
Sanson, der mit seiner grausamen Pflicht ringt. Der Manga verbindet
kunstvolle Zeichnungen mit einer tiefgründigen Auseinandersetzung
über Schuld und Verantwortung.

Gute Nacht, Punpun (Oyasumi Punpun) – Inio Asano

Genre: Drama, Psychologie, Slice of Life
Erstveröffentlichung: 2007-2008
Gute Nacht, Punpun erzählt die bewegende Geschichte von Punpun,
einem Jungen, der mit psychischen Problemen und familiären
Konflikten wächst. Der Manga behandelt auf eindrucksvolle Weise
die dunklen Seiten des Erwachsenwerdens und die Komplexität
menschlicher Beziehungen.

Unterschiedliche physische Ausgaben und Editionen

Für Neulinge kann es anfangs eine Herausforderung sein, sich in der vielfältigen Welt der Manga zurechtzufinden. Abgesehen von den klassischen Ausgaben, die die Grundlage vieler Serien bilden, gibt es zahlreiche Sondereditionen, die sich durch besondere Merkmale von den Standardversionen abheben. Diese exklusiven Ausgaben bieten nicht nur zusätzliches Material wie Illustrationen, Interviews mit den Autoren oder unveröffentlichte Kapitel, sondern auch eine verbesserte Druckqualität und oft einzigartige Designs, die das visuelle Erlebnis noch intensiver gestalten. Manche Ausgaben beinhalten sogar limitierte Sammlerstücke wie Poster, Postkarten oder spezielle Verpackungen, die sie zu echten Schätzen für Manga-Fans machen. Diese zusätzlichen Elemente bereichern das Leseerlebnis und ermöglichen es den Lesern, in die Welt des Mangas auf eine tiefere und ästhetischere Weise einzutauchen – weit über das bloße Lesen der Geschichte hinaus.

Taschenbuch (Bunkoban)

Die Taschenbuch-Ausgaben, auch Bunkoban genannt, sind die gängigsten und preiswertesten Varianten von Manga. Sie haben einen weichen Einband und sind in einem kompakten, handlichen Format gehalten. Diese Ausgaben sind ideal für Leser, die einen Manga regelmäßig lesen möchten, ohne viel auf Luxus oder zusätzliche Extras Wert zu legen. Die Druckqualität ist in der Regel gut, aber sie enthalten keine besonderen Zusatzmaterialien. Aufgrund des niedrigen Preises sind sie besonders für Viel-Leser oder Einsteiger geeignet.

Hardcover (Tankobon)

Hardcover-Manga, auch bekannt als Tankobon, bieten eine robustere und langlebigere Variante. Sie haben einen festen Einband, der den Manga vor Abnutzung schützt, und bieten eine bessere Druckqualität als Taschenbuchausgaben. Oft enthalten diese Ausgaben zusätzliche Materialien wie Farbseiten, Illustrationen oder Interviews mit den Machern. Tankobon-Ausgaben sind ideal für Sammler, die einen schönen, stabilen Band möchten, der die Geschichte in einem größeren Format und mit besserer Präsentation bietet.

Deluxe Edition

Deluxe Editionen sind hochwertige Sammlerausgaben, die sich durch ihre exklusive Gestaltung und besondere Inhalte auszeichnen. Sie bieten oft ein größeres Format, was den Druck und die Illustrationen zur Geltung bringt, sowie eine edle Verpackung – häufig in einer stabilen Box. Diese Ausgaben enthalten oft Bonusmaterial wie Poster, Farbseiten, Artbooks oder exklusive Interviews. Sie richten sich an Sammler, die mehr als nur den Manga selbst möchten, sondern auch ein luxuriöses Gesamterlebnis. Aufgrund der luxuriösen Aufmachung sind diese Editionen in der Regel teurer als die Standard-Ausgaben.

Omnibus Edition

Omnibus Editionen fassen mehrere Bände einer Serie in einem einzigen, meist größeren Band zusammen. Diese Ausgaben bieten den Vorteil, mehrere Geschichten auf einmal zu erleben, ohne mehrere Einzelbände zu kaufen. Häufig enthalten sie zusätzliche Inhalte wie Farbseiten oder ein erweitertes Vorwort, um das Leseerlebnis zu bereichern. Omnibus-Editionen sind ideal für Leser, die eine ganze Serie auf einmal sammeln möchten und die eine kompakte, aber dennoch reichhaltige Sammlung bevorzugen.

Master Edition

Die Master Edition ist eine überarbeitete und erweiterte Ausgabe eines Mangas. Sie enthält oft verbesserte Grafiken, zusätzliches Material wie Interviews, Kommentare des Autors oder unveröffentlichte Szenen. Diese Ausgaben sind in der Regel größer als die Standard-Ausgaben und bieten eine qualitativ hochwertigere Präsentation. Sie sind für Fans und Sammler gedacht, die ein tieferes

Verständnis der Geschichte und der künstlerischen Entwicklung des Mangas haben möchten.

Limited Edition

Limited Editionen sind speziell für Sammler konzipierte Ausgaben, die in begrenzter Stückzahl erhältlich sind. Diese Ausgaben enthalten oft exklusive Inhalte wie signierte Cover, spezielle Illustrationen, Sammelkarten oder andere Sammlerstücke, die nicht in der regulären Ausgabe zu finden sind. Aufgrund ihrer Limitiertheit sind diese Editionen besonders begehrt und können höhere Preise erzielen. Sie bieten Fans die Möglichkeit, ein einzigartiges Stück der Manga-Kultur zu besitzen.

Kanzenban

Kanzenban sind die hochwertigsten Ausgaben eines Mangas. Sie bieten die komplette Geschichte in einem edlen Hardcover-Format und zeichnen sich durch eine ausgezeichnete Druckqualität sowie durch extra Materialien wie Kommentare des Autors, Hintergrundgeschichten oder sogar unveröffentlichte Szenen aus. Diese Ausgaben sind oft in größerem Format erhältlich und bestehen aus hochwertigem Papier. Kanzenban sind die bevorzugte Wahl für Sammler, die eine Manga-Serie in ihrer vollständigsten und schönsten Form besitzen möchten.

Diamond Edition

Diamond Editionen gehören zu den exklusivsten und luxuriösesten Manga-Ausgaben. Sie bieten eine außergewöhnliche Qualität, sowohl in der Drucktechnik als auch im Design. Häufig enthalten sie spezielle Materialien wie hochwertige Drucke, prämierte Cover, signierte Seiten und umfangreiche Bonusinhalte. Diese Ausgaben sind auf eine sehr begrenzte Stückzahl limitiert und richten sich an Sammler, die das Beste vom Besten suchen. Die exklusive Aufmachung und der hohe Sammlerwert machen die Diamond Edition zu einem begehrten Objekt.

Special Edition

Special Editionen sind Ausgaben, die zusätzliche Inhalte wie Bonuskapitel, Poster, Artbooks oder exklusive Illustrationen enthalten. Sie bieten eine erweiterte Leseerfahrung, ohne den luxuriösen Preis einer Deluxe- oder Diamond Edition zu erreichen. Sie sind eine hervorragende Wahl für Fans, die mehr als nur den Manga selbst erleben möchten, jedoch nicht bereit sind, in die teureren Ausgaben zu investieren.

Box Set

Ein Box Set enthält mehrere Bände einer Serie, die zusammen in einer speziellen Box verpackt sind. Oft beinhalten sie nicht nur die Manga-Bände, sondern auch zusätzliche Sammlerstücke wie Postkarten, Illustrationen oder Booklets, die das Set bereichern. Diese Sets sind besonders beliebt für abgeschlossene Serien und bieten eine bequeme Möglichkeit, die gesamte Geschichte auf einmal zu erwerben. Sie sind ideal für Sammler, die ihre Sammlung in einer formschönen Box aufbewahren möchten.

Diese unterschiedlichen Editionen bieten eine vielseitige Auswahl an Optionen, wie Manga präsentiert und gesammelt werden können. Je nach persönlichem Interesse und verfügbarem Budget gibt es für jeden Sammler und Leser die ideale Ausgabe. Dabei reicht die Bandbreite von einfachen Taschenbuchversionen, die sich besonders für den täglichen Genuss eignen, bis hin zu luxuriösen Collector's Editions, die nicht nur durch hochwertige Materialien und besondere Designs bestechen, sondern auch mit zahlreichen zusätzlichen Inhalten, wie Artbooks, Postern oder exklusiven Extras, aufwarten. Diese Vielfalt sorgt dafür, dass sowohl Gelegenheitsleser als auch leidenschaftliche Sammler voll auf ihre Kosten kommen.

Manhwa

Was sind Mahnwa?

Manhwa ist der koreanische Begriff für Comics und unterscheidet sich in mehreren wichtigen Aspekten von Manga. Obwohl beide Formate viele visuelle Gemeinsamkeiten aufweisen, variieren sie erheblich in ihrer Herkunft, ihrem Stil und ihrer Erzählweise. Manhwa wird hauptsächlich in Südkorea produziert, während Manga seinen Ursprung in Japan hat. Ein wesentlicher Unterschied liegt im Leseformat: Manga wird traditionell von rechts nach links gelesen, während Manhwa dem westlichen Leseformat folgt, also von links nach rechts. Diese Anpassung erleichtert es internationalen Lesern, Manhwa zu lesen, da es dem gewohnten Leseverständnis entspricht.

Ein weiteres markantes Merkmal von Manhwa ist die häufige Verwendung von Farben. Während Manga traditionell in Schwarz-Weiß gehalten wird, erscheinen viele Manhwa-Bände in Farbe. Diese Farbwahl ist nicht nur eine ästhetische Entscheidung, sondern spielt eine entscheidende Rolle bei der Verstärkung der Atmosphäre und der emotionalen Tiefe der Geschichte. Durch die Farbgrafik können Stimmungen, Landschaften und Charaktere eindrucksvoller und lebendiger dargestellt werden.

Manhwa deckt eine breite Palette an Genres ab, von Action und Abenteuer bis hin zu Romantik, Drama und Fantasy. Besonders auffällig ist jedoch, dass in Manhwa oft mehr Wert auf die emotionale Entwicklung der Charaktere und ihre zwischenmenschlichen Beziehungen gelegt wird. Die Darstellung von Gefühlen und die intensivere Charakterzeichnung sind zentrale Elemente vieler Manhwa-Werke, die häufig mehr Raum für persönliche Konflikte und emotionale Tiefe bieten als viele Manga. Während Manga manchmal einen stärkeren Fokus auf actionreiche Szenen und komplexe Handlungsstränge legt, steht in Manhwa oft die psychologische

Entwicklung der Charaktere und ihre zwischenmenschlichen
Dynamiken im Vordergrund.

Dank dieser Besonderheiten hat Manhwa international an Popularität
gewonnen und sich als eigenständiges und faszinierendes Format
etabliert. In vielen Teilen der Welt findet es mittlerweile eine breite
Leserschaft, sowohl in gedruckter Form als auch als Webcomics,
und hat sich als bedeutendes kulturelles Phänomen in der
Comicszene weltweit durchgesetzt.

Unterschiede zwischen Manga und Manhwa

- **Herkunft:** *Manga stammt aus Japan, während Manhwa aus Südkorea kommt.*

- **Lesrichtung:** *Manga wird traditionell von rechts nach links gelesen, Manhwa hingegen von links nach rechts, was dem westlichen Lesestil entspricht.*

- **Zeichenstil und Farbgebung:** *Manga ist typischerweise in Schwarz-Weiß gehalten, während Manhwa oft in Farbe erscheint, was den visuellen Stil und die Atmosphäre verstärkt.*

- **Erzählweise und Themen:** *Beide Formate bieten eine große Bandbreite an Genres, jedoch neigt Manhwa dazu, stärker auf romantische und dramatische Themen einzugehen, während Manga eine größere Vielfalt in seiner Zielgruppe und Erzählweise aufweist.*

- **Veröffentlichung:** *Manga wird meist in wöchentlichen oder monatlichen Serien veröffentlicht und später in Sammelbänden zusammengefasst. Manhwa hingegen wird häufig auf digitalen Plattformen, wie Webtoons, veröffentlicht, was es besonders für ein internationales Publikum zugänglich macht.*

Obwohl Manhwa und Manga viele Gemeinsamkeiten aufweisen, wie ihre bildhafte Erzählweise und die Vielfalt an Genres, unterscheiden sie sich in ihrer Herkunft, Lesrichtung und stilistischen Ausgestaltung. Beide Formate bieten einzigartige Leseerlebnisse und reflektieren die kulturellen Besonderheiten ihrer Ursprungsregionen.

Manhwa - Empfehlungen

Solo Leveling

Genre: Action, Abenteuer, Fantasy
Der Protagonist, Sung Jin-Woo, beginnt als der schwächste "Jäger"
in einer Welt, in der Monster und Dungeon-Portale existieren.
Nach einem beinahe tödlichen Vorfall erhält er die Fähigkeit, sein
eigenes Level zu steigern, als wäre er ein Spieler in einem
Videospiel.

Omniscient Reader's Viewpoint

Genre: Action, Fantasy, Abenteuer
Der Protagonist, Kim Dokja, ist der einzige Mensch,
der das komplette Szenario eines populären Webromans kennt.
Als die Welt von dem von ihm gelesenen Szenario übernommen
wird, findet sich Kim in einer Welt voller mystischer Wesen und
gefährlicher Prüfungen wieder.

The Boxer

Genre: Drama, Sport, Action
Ein junger Mann namens Yu, der seine gesamte Kindheit im
Boxsport verbringt, stellt sich dem harten Weg des Lebens.
In einem System von talentierten Kämpfern findet er seinen Platz,
um zu wachsen und sein Potenzial zu entfalten.

The Greatest Estate Developer

Genre: Fantasy, Abenteuer, Action
Der Protagonist, ein ehemaliger Adeliger in einer mittelalterlichen
Welt, wird als Sklave verkauft. Doch dank seiner außergewöhnlichen

Fähigkeiten im Bereich der Stadtplanung und Entwicklung wird er zum größten Grundbesitzentwickler der Region.

Legend of the Northern Blade

Genre: Action, Kampfkunst, Abenteuer
Der junge Sohn eines berühmten Schwertkämpfers muss das Erbe seines Vaters und seiner Schule in einer Zeit voller dunkler Machenschaften und Intrigen tragen. Nachdem seine Familie in einem Verrat fast ausgelöscht wurde, kämpft er sich durch Herausforderungen, um das zu retten, was von ihm übrig ist.

Tower of God

Genre: Action, Abenteuer, Fantasy
Bam, ein Junge, der sein gesamtes Leben in einem dunklen, geheimen Raum verbracht hat, wird in einen mystischen Turm eingeladen. In diesem Turm müssen die Teilnehmer riesige Herausforderungen und Prüfungen bestehen, um ihre Wünsche zu erfüllen.

The God of High School

Genre: Action, Kampfkunst, Abenteuer
Bei einem internationalen Wettkampf, dem "God of High School"-Turnier, treten die besten Kämpfer aus der ganzen Welt gegeneinander an. Der Protagonist, Mori Jin, wird in das Turnier aufgenommen, um die besten Kämpfer der Welt herauszufordern. Bald entdeckt er jedoch eine größere Bedrohung, die das Schicksal der Welt beeinflussen könnte.

Sweet Home

Genre: Horror, Drama, Thriller
In einer Welt, in der Menschen zu Monstern werden, muss ein
zurückgezogener Jugendlicher namens Hyun zu einem unerwarteten
Helden werden. Mit anderen Überlebenden kämpft er um sein Leben
und versucht, die Welt von den Monstern zu befreien.

Wind Breaker

Genre: Sport, Drama, Action
Der Protagonist, Ha Jiwon, ist ein talentierter Radfahrer, der mit
anderen jungen Menschen in einem rasanten Rennen gegen die Zeit
und ihre eigenen inneren Konflikte antritt. Die Geschichte dreht sich
um die Herausforderungen des Radsports und die persönlichen
Kämpfe der Charaktere.

Noblesse

Genre: Action, Vampire, Fantasy
Raizel, ein uralter Vampir, erwacht nach 820 Jahren aus seinem
Schlaf und muss sich in der modernen Welt zurechtfinden.
Gemeinsam mit seinem treuen Diener Frankenstein kämpft er gegen
böse Mächte, die die Welt bedrohen.

Bastard

Genre: Thriller, Drama, Mystery
Jin, ein scheinbar normaler Junge, hat einen Vater, der ein
Serienmörder ist. Als Jin das grausame Geheimnis seines Vaters
erfährt, wird er in einen Kampf ums Überleben verwickelt.

Lookism

Genre: Drama, Slice of Life, Psychologie
Der Protagonist, der wegen seines Aussehens gemobbt wird, hat die
Fähigkeit, zwischen zwei Körpern hin- und herzuwechseln – einem
makellosen Körper und seinem ursprünglichen. Er muss lernen, mit
diesen zwei Leben umzugehen und herauszufinden, was wirklich
wichtig ist.

I Am the Sorcerer King

Genre: Action, Abenteuer, Fantasy
Ein mächtiger Magier wird in die heutige Welt zurückgebracht und
muss sich gegen gefährliche Gegner und Herausforderungen stellen.
Mit seinem Wissen und seinen Kräften will er der Welt zeigen, was
wahre Macht ist.

Hardcore Leveling Warrior

Genre: Action, Fantasy, Abenteuer
Der ehemals stärkste Spieler in einem VR-MMORPG verliert alles
und muss von vorne anfangen, um wieder an die Spitze zu gelangen.
Doch dies ist mehr als nur ein Spiel – es ist eine Frage von Leben
und Tod.

Cheese in the Trap

Genre: Drama, Romantik, Slice of Life
Die Geschichte dreht sich um das Leben der Studentin Hong Seol
und ihre Beziehung zu einem scheinbar perfekten, aber rätselhaften
Kommilitonen namens Yoo Jung. Sie muss herausfinden, ob er
wirklich der ist, der er vorgibt zu sein.

The Beginning After the End

Genre: Action, Abenteuer, Fantasy
Ein mächtiger König wird in einer neuen Welt wiedergeboren und muss als junger Mann in einer Welt voller Magie und Macht neu beginnen. Mit seinem Wissen aus der Vergangenheit kämpft er um die Zukunft dieser neuen Welt.

The World After the Fall

Genre: Action, Fantasy, Abenteuer
Nach dem Fall einer gigantischen Struktur, die als Turm bekannt ist, beginnt eine neue Ära der Herausforderungen für die Überlebenden. Der Protagonist muss gegen Monster und übernatürliche Bedrohungen kämpfen, um das Schicksal der Welt zu ändern.

A Returner's Magic Should Be Special

Genre: Action, Fantasy, Zeitreise
Nach der Zerstörung seiner Welt erhält der Magier Desir die Möglichkeit, in die Vergangenheit zurückzukehren und seine Fehler zu korrigieren. Mit seinem Wissen aus der Zukunft muss er eine neue Bedrohung bekämpfen, bevor sie die Welt wieder zerstört.

Tomb Raider King

Genre: Action, Abenteuer, Fantasy
Der Protagonist, Jooheon, wird in einer Welt wiedergeboren, in der mystische Relikte aus alten Ruinen auftauchen. Mit seiner Fähigkeit, diese Relikte zu sammeln und für seine eigene Macht zu nutzen, kämpft er um die Weltherrschaft.

Rebirth of the Urban Immortal Cultivator

Genre: Action, Fantasy, Kampfkunst
Der Hauptcharakter, Chen Feng, wird nach einem gewaltsamen Tod in seinem früheren Leben in die Vergangenheit zurückgeschickt. Mit dem Wissen und den Kräften eines unsterblichen Kultivators ausgestattet, nutzt er seine zweite Chance, um die Welt zu dominieren und diejenigen, die ihm Unrecht taten, zu bestrafen.

God of Martial Arts

Genre: Action, Kampfkunst, Fantasy
Der Protagonist wird in einer Welt voller Macht und martialischer Kunst als schwach angesehen. Nachdem er in die Vergangenheit zurückkehrt, strebt er danach, die stärkste Existenz zu werden und sich den Herausforderungen der Welt zu stellen.

My Dear Cold-Blooded King

Genre: Drama, Romantik, historische Fantasy
Eine spannende und emotionale Geschichte über eine junge Frau, die sich in eine komplizierte Beziehung zu einem mysteriösen König verstrickt, während sie sich in einer von politischen Intrigen geprägten Welt bewegt.

SSS-Class Suicide Hunter

Genre: Action, Fantasy, Abenteuer
In einer Welt, in der Menschen verschiedene Fähigkeiten erhalten, nachdem sie auf gefährliche Missionen geschickt wurden, geht der Protagonist seinen eigenen Weg. Er erhält die Fähigkeit, alle Fähigkeiten anderer zu absorbieren, was ihm zu einer Machtposition verhilft.

The Pale Horse

Genre: Action, Thriller, Mystery
Ein faszinierendes Manhwa, das sich mit Geheimnissen und
Mordfällen beschäftigt. Es verbindet Thriller-Elemente mit einer
mysteriösen Atmosphäre, die für Fans von Spannung und Rätseln
interessant ist.

I Am the Monarch

Genre: Action, Fantasy, Drama
Der Protagonist wird als ein unbedeutender Soldat in einer Welt
von Magie und Macht wiedergeboren. Mit seinem Wissen aus der
Zukunft plant er, das Schicksal dieser Welt zu verändern und sich
an die Spitze zu kämpfen.

Anime

Was sind Anime?

Animes sind japanische Zeichentrickfilme, die sich durch einen unverwechselbaren Stil, eine große Themenvielfalt und tiefgründige Erzählweisen auszeichnen. Anders als viele westliche Cartoons, die sich vorwiegend an Kinder richten, sprechen Animes Menschen jeden Alters an – von Kindern über Jugendliche bis hin zu Erwachsenen. Ihre Geschichten reichen von leichter Unterhaltung bis hin zu ernsten, gesellschaftskritischen oder philosophischen Themen. Freundschaft, Liebe, Abenteuer, Krieg, Verlust, soziale Ungleichheit und die Frage nach dem Sinn des Lebens sind nur einige Beispiele für die Bandbreite, die Animes abdecken.

Charakteristisch für Animes sind die großen, ausdrucksstarken Augen, die fantasievollen Frisuren, detailreiche Hintergründe und eine starke emotionale Bildsprache. Die visuelle Gestaltung ist oft eng mit der Atmosphäre der Handlung verknüpft. Ebenso bedeutsam sind Musik und Synchronisation: Viele Serien und Filme verfügen über eigens komponierte Soundtracks, die Emotionen intensiv verstärken und oft Kultstatus erlangen.

Animes erscheinen in verschiedenen Formaten – als Serien mit mehreren Episoden, als Kinofilme, als sogenannte OVAs (Original Video Animation), die direkt auf DVD oder Blu-ray veröffentlicht werden, oder als Web-Animes auf Streaming-Plattformen. Zu den bekanntesten Produktionsstudios zählen Studio Ghibli, Toei Animation, MAPPA und Kyoto Animation, die mit ihren Werken weltweiten Einfluss erlangt haben.

Ein Großteil der Animes basiert auf Mangas. Wenn ein Manga besonders erfolgreich ist, wird er häufig als Anime adaptiert. Dabei wird die gezeichnete Geschichte in animierter Form mit Ton, Farbe und Bewegung zum Leben erweckt. Diese Umsetzung verleiht der Handlung oft eine noch größere emotionale Wirkung. Bekannte

Beispiele für erfolgreiche Manga-Adaptionen sind Naruto, One Piece, Demon Slayer und Attack on Titan. Manche Anime weichen dabei leicht von ihrer Vorlage ab oder enthalten sogenannte „Filler-Episoden", um Zeit zu gewinnen, wenn der Manga noch nicht abgeschlossen ist.

Anime und Manga sind fest in der japanischen Kultur verankert, haben aber längst weltweite Popularität erlangt. In vielen Ländern gibt es große Fangemeinden, Cosplay-Events, Anime-Conventions und sogar Schul-AGs, die sich intensiv mit dieser Kunstform beschäftigen. Streaming-Dienste wie Crunchyroll, Netflix oder Amazon Prime haben dazu beigetragen, dass Animes heute weltweit leicht zugänglich sind.

Zusammenfassend lässt sich sagen: Animes sind weit mehr als nur Zeichentrickfilme – sie sind eine einzigartige Kunstform, die durch ihre visuelle Gestaltung, emotionale Tiefe und thematische Vielfalt begeistert. In enger Verbindung mit Mangas öffnen sie faszinierende Welten, in denen Millionen von Menschen weltweit mitfühlen, mitfiebern und träumen können.

Was sind Filler-Folgen?

Filler-Folgen in Animes sind Episoden, die nicht auf dem ursprünglichen Manga/Mahnwa basieren und in der Regel keine Relevanz für die Hauptgeschichte haben. Sie werden häufig eingesetzt, um dem Manga/Mahnwa Zeit zu geben, der Handlung vorauszugehen, damit der Anime nicht zu schnell aufholt. Inhaltlich drehen sich Filler oft um Nebenabenteuer, humorvolle Begebenheiten oder alltägliche Situationen, die mit der eigentlichen Story nur wenig bis gar nichts zu tun haben.

Trotz ihrer Funktion als Lückenfüller werden Filler-Folgen von vielen Fans kritisch gesehen. Ein zentraler Kritikpunkt ist, dass sie den Erzählfluss der Hauptgeschichte unterbrechen und dadurch die Spannung mindern können. Zudem tragen sie meist nicht zur Charakterentwicklung bei und werden später oft komplett ignoriert. Auch die Qualität lässt in vielen Fällen zu wünschen übrig –

„Filler-Episoden sind häufig schwächer animiert, beinhalten unlogische Handlungen oder greifen auf klischeehafte Szenarien zurück, wie z. B. Strandausflüge oder Essenswettbewerbe."

Besonders problematisch ist der übermäßige Einsatz von Filler-Folgen in langen Serien wie Naruto oder Bleach, bei denen ganze Arcs aus Filler bestehen. Dadurch zieht sich die Handlung künstlich in die Länge, was viele Zuschauer frustriert oder sogar dazu bringt, die Serie vorzeitig abzubrechen. Für Neueinsteiger kann es zudem verwirrend sein, Filler von der eigentlichen Handlung zu unterscheiden, besonders wenn sie ohne klare Trennung eingefügt wurden.

Trotzdem gibt es auch Filler, die bei Fans beliebt sind, vor allem wenn sie kreativ oder witzig umgesetzt sind – sie bleiben aber die Ausnahme.

Insgesamt gelten Filler-Folgen als notwendiges Übel,
das vor allem durch gutes Storytelling und durchdachtes Timing
abgefedert werden muss.

Canon vs. Non-Canon

In der Welt der Animes sind die Begriffe Canon und Non-Canon von zentraler Bedeutung, da sie helfen, die offizielle Erzählung von alternativen oder ergänzenden Inhalten zu unterscheiden. Diese Begriffe stammen aus der Literatur- und Medienbranche und spielen auch in der Anime-Kultur eine entscheidende Rolle. Sie geben den Fans und Zuschauern eine klare Orientierung, welche Geschichten zur Hauptgeschichte gehören und welche eher als zusätzliche oder nicht offizielle Erzählstränge betrachtet werden sollten.

Canon

Der Begriff Canon beschreibt alle Inhalte, die als offiziell anerkannt und Teil der Hauptgeschichte eines Werkes gelten. Diese Inhalte sind in der Regel vom Original-Autor, den Schöpfern oder den offiziellen Verantwortlichen des Werkes genehmigt worden. In der Anime-Welt umfasst der Canon alles, was im offiziellen Manga, der Anime-Serie, in offiziellen Filmen und in sonstigen, offiziell veröffentlichten Medien vorkommt.

Was als Canon gilt, wird durch die Schöpfer und Produzenten eines Werkes festgelegt, und diese Inhalte sind von besonderer Bedeutung, da sie die Hauptgeschichte vorantreiben, die Charakterentwicklung beeinflussen und die Regeln und Gesetze der Welt definieren. Wenn also in einem Anime eine Episode oder ein Handlungsstrang vorkommt, der aus dem Original-Manga oder einer anderen offiziellen Quelle stammt, ist dieser Teil der offiziellen Erzählung und hat Auswirkungen auf die Zukunft der Geschichte.

Ein klassisches Beispiel für Canon-Inhalte ist die Serie „Naruto". Alles, was direkt aus dem Manga von Masashi Kishimoto stammt oder von ihm und den Produzenten der Serie genehmigt wurde, gehört zum Canon. In dieser Serie würde jede Episode, die sich an die im Manga dargestellten Ereignisse hält, als Canon betrachtet werden. Auch die offiziellen Filme, die unter der Aufsicht des Mangaka oder der Produktionsfirma erstellt wurden, können als Canon angesehen werden, wenn sie sich mit der Hauptgeschichte decken.

Ein weiteres Beispiel ist „Attack on Titan", bei dem die Ereignisse aus der Anime-Serie, die direkt auf dem Manga von Hajime Isayama basieren, als Canon betrachtet werden. Alles, was von den Schöpfern genehmigt wurde und in direkter Verbindung zur zentralen Geschichte steht, wird als Teil des Canons anerkannt.

Non-Canon

Im Gegensatz dazu steht der Begriff Non-Canon, der Inhalte bezeichnet, die nicht Teil der offiziellen, vom Autor oder den Produzenten des Werkes festgelegten Erzählung sind. Diese Inhalte können verschiedene Formen annehmen, einschließlich Filler-Episoden, Spin-offs oder auch alternative Handlungsstränge. Filler-Episoden sind besonders häufig in Anime-Serien anzutreffen und stellen zusätzliche Geschichten dar, die zwar im gleichen Universum spielen, aber keine direkten Auswirkungen auf die Hauptgeschichte oder die Charakterentwicklung haben.

Filler-Episoden werden oft dann eingeführt, wenn die Anime-Serie den Manga überholt hat oder der Manga noch nicht genügend Material für eine Fortsetzung geliefert hat. In diesen Episoden können Charaktere auf Abenteuer gehen, die zwar die Welt des Animes erweitern, aber nicht zum Canon gehören, da sie die Hauptgeschichte nicht beeinflussen.

Ein besonders bekanntes Beispiel für Non-Canon-Inhalte finden wir in der Serie „Naruto". Die Anime-Serie enthält eine Vielzahl von Filler-Episoden, die nicht im Manga vorkommen und auch keinen Einfluss auf die zentrale Handlung haben. Diese Episoden wurden oftmals eingeführt, um den Zeitraum zwischen den Manga-Veröffentlichungen zu überbrücken und das Fernsehformat zu füllen. Auch in der Serie „Bleach" gibt es viele solcher Filler-Episoden, die das offizielle Geschehen nicht weiter vorantreiben.

Es gibt jedoch auch Fälle, in denen Non-Canon-Filme und Spin-offs produziert werden, die alternative Szenarien oder „Was-wäre-wenn"-Geschichten erzählen, die von der eigentlichen Erzählung abweichen. Ein prominentes Beispiel dafür ist der „Dragon Ball"-Film „Dragon Ball Z: Battle of Gods". Während dieser Film von den Machern der Serie autorisiert wurde, ist er in Bezug auf die

Chronologie der Hauptgeschichte als Non-Canon zu betrachten, da er nicht direkt mit den Ereignissen der TV-Serie oder des Mangas übereinstimmt und auch keinen langfristigen Einfluss auf den offiziellen Verlauf der Geschichte hat.

In manchen Fällen wird die Grenze zwischen Canon und Non-Canon jedoch unschärfer, insbesondere bei Filmen oder Specials, die in Zusammenarbeit mit den Original-Schöpfern entstanden sind, aber eine alternative Handlung verfolgen oder alternative Enden präsentieren.

Warum ist diese Unterscheidung wichtig?

Die Unterscheidung zwischen Canon und Non-Canon ist für Fans und Zuschauer von Animes von großer Bedeutung, da sie hilft, die offizielle Erzählung von alternativen Inhalten zu unterscheiden. Wer sich intensiv mit der Hauptgeschichte und den Entwicklungen der Charaktere auseinandersetzt, muss wissen, welche Ereignisse und Handlungsstränge offiziell sind und die Welt des Animes beeinflussen. Canon-Inhalte sind wichtig, weil sie die Richtung der Geschichte vorgeben und das Verständnis der Charaktere vertiefen.

Non-Canon-Inhalte bieten dagegen oftmals zusätzliche Unterhaltung oder alternative Perspektiven. Sie können Spaß machen und das Universum eines Animes erweitern, sind jedoch nicht Teil der Hauptgeschichte und haben keine langfristigen Auswirkungen auf die Zukunft des Animes. Fans, die die tieferen Entwicklungen eines Animes verfolgen möchten, müssen daher entscheiden, ob sie sich auf den Canon oder die Non-Canon-Inhalte konzentrieren wollen.

Ein weiteres interessantes Beispiel für die Bedeutung dieser Unterscheidung zeigt sich in der Serie „One Piece". Einige Filme der Reihe, wie „One Piece Film: Strong World", sind von den Machern der Serie selbst autorisiert und enthalten Elemente, die der

Hauptgeschichte zwar entsprechen, jedoch keine direkte Fortsetzung der offiziellen Erzählung darstellen. Solche Filme können als Non-Canon betrachtet werden, obwohl sie von den Fans häufig als Teil des größeren „One Piece"-Erlebnisses geschätzt werden.

Zusammengefasst ist die Unterscheidung zwischen Canon und Non-Canon in der Welt der Animes von entscheidender Bedeutung für das Verständnis der zentralen Erzählung und der Charakterentwicklung. Während Canon-Inhalte die offizielle Geschichte und den Verlauf der Handlung bestimmen, bieten Non-Canon-Inhalte zusätzliche Perspektiven oder alternative Erzählungen, die das Universum erweitern, jedoch keinen Einfluss auf den Hauptstrang der Geschichte haben. Für Anime-Fans ist es wichtig, diese Unterscheidung zu verstehen, um die verschiedenen Erzählstränge korrekt einordnen zu können und die Entwicklung ihrer Lieblingscharaktere und -geschichten in einem größeren Kontext zu verfolgen.

Kämpfe in Anime

Anime-Kämpfe sind weit mehr als nur atemberaubende Auseinandersetzungen zwischen mächtigen Gegnern. Sie sind emotionale Wendepunkte, die die tiefsten Ängste, Hoffnungen und inneren Konflikte der Charaktere offenbaren. Diese Duelle prägen nicht nur die Geschichten, sondern auch die Entwicklung der Protagonisten und tragen maßgeblich dazu bei, die thematischen Schwerpunkte einer Serie zu verstärken. Einige dieser Kämpfe sind zu Ikonen geworden und sind untrennbar mit den Anime selbst verbunden, sei es durch pure Gewalt, meisterhafte Strategie oder unerwartete emotionale Tiefe.

Bekannte Anime-Kämpfe

Son Goku vs. Frieza (Dragon Ball Z)

Der legendäre Kampf, der nicht nur das Maß für Shonen-Action setzte, sondern auch die Grenzen der Epik neu definierte – eine Konfrontation, die das gesamte Universum in den Abgrund stürzen könnte.

Naruto vs. Sasuke (Naruto: Shippuden)

Ein emotionales Achterbahn-Erlebnis, in dem zwei Rivalen, welche durch Blut und Schmerz verbunden sind, einander gegenüberstehen und sich um das Schicksal ihrer Welt und ihrer Seelen ringen.

Sasuke vs. Itachi (Naruto: Shippuden)

Ein zutiefst tragischer und strategisch brillanter Kampf, der die komplexen familiären Konflikte und die düstere Vergangenheit zweier Brüder in einem epischen Showdown vereint.

Luffy vs. Rob Lucci (One Piece)

Luffys unerschütterliche Entschlossenheit, für seine Freunde zu kämpfen, prallt auf die kalte Härte und skrupellose Entschlossenheit von Rob Lucci – ein Kampf, der die wahre Bedeutung von Freundschaft und Gerechtigkeit offenbart.

Saitama vs. Boros (One Punch Man)

Ein visuelles Feuerwerk, das Saitamas überwältigende Macht unterstreicht, gepaart mit einem humorvollen Twist, der das gesamte Konzept von Superkräften ins Lächerliche zieht.

Levi vs. Beast Titan (Attack on Titan)

Ein ikonischer Solokampf, der Levi's außergewöhnliche Fähigkeiten und seine unerbittliche Entschlossenheit zum Überleben des Menschheitssinns auf die ultimative Probe stellt.

Ichigo vs. Aizen (Bleach)

Ein Kampf zwischen spiritueller Macht und übernatürlicher Bedrohung, in dem die Weltordnung und das Schicksal aller Beteiligten auf Messers Schneide stehen.

Tanjiro & Nezuko vs. Rui (Demon Slayer)

Ein atemberaubend choreografierter Kampf, in dem der Zusammenhalt von Geschwistern und die rohe Kraft eines Dämonen aufeinanderprallen – ein berührender Showdown voller Leidenschaft und Verzweiflung.

Mob vs. Koyama (Mob Psycho 100)

Ein explosiver Ausbruch von Emotionen, der nicht nur das physische, sondern auch das psychische Wachstum von Mob eindrucksvoll widerspiegelt und perfekt animiert wurde.

Yusuke vs. Toguro (Yu Yu Hakusho)

Ein episches Powerduell, das sowohl dramatische Tiefe als auch emotionale Intensität in sich vereint, während Yusuke seine wahre Stärke entdeckt.

Zoro vs. Mihawk (One Piece)

Der Beginn einer Legende: Ein Kampf, der Zoros unerschütterlichen Stolz und seinen Traum, der stärkste Schwertkämpfer der Welt zu werden, verkörpert.

Kenshin vs. Enishi (Rurouni Kenshin)

Ein meisterhaft inszenierter Duellkampf, in dem Samurai-Ehre und tragische Vergangenheiten aufeinandertreffen – ein Schicksalskampf, der die Definition von Gerechtigkeit hinterfragt.

Gintoki vs. Takasugi (Gintama)

Ein Showdown voller Stil und Dramatik, bei dem zwei ehemalige Freunde nicht nur ihre Klingen, sondern auch ihre gebrochenen Ideale aufeinanderprallen lassen.

Madara Uchiha vs. Shinobi-Allianz (Naruto: Shippuden)

Ein epischer Kampf von nie dagewesenem Ausmaß, in dem Madara seine unbändige Macht zur Schau stellt und die Shinobi-Welt bis an ihre Grenzen treibt.

Ichigo Kurosaki vs. Kenpachi Zaraki (Bleach)

Ein Kampf, der pure Action und Zerstörung bietet, bei dem Ichigo gegen den unglaublichen Kenpachi antritt und auf eine neue Stufe seiner eigenen Macht aufsteigt.

Edward Elric vs. Father (Fullmetal Alchemist: Brotherhood)

Ein Duell, das Alchemie, Emotionen und Ideologien zu einem unvergleichlichen Höhepunkt bringt und die Geschichte von Edward und seiner Familie endgültig prägt.

Saber vs. Lancer (Fate/Zero)

Ein eleganter und ehrenvoller Kampf, in dem zwei legendäre Krieger aufeinandertreffen, die sich gegenseitig herausfordern und die wahre Bedeutung von Mut und Ehre in den Krieg tragen.

Sukuna vs. Mahoraga (Jujutsu Kaisen Blu-ray)

Ein epischer Kampf, der nicht nur rohe Gewalt, sondern auch ausgeklügelte Strategie aufzeigt – eine perfekte Mischung aus Macht, Taktik und reiner Wildheit.

Thorfinn vs. Thorkell (Vinland Saga)

Brutal und wild – ein wahrhaftiger Wikinger-Clash, in dem rohe Gewalt, unglaubliche Ausdauer und der Wille zur Überlebenskunst aufeinanderprallen.

Yuji & Todo vs. Hanami (Jujutsu Kaisen)

Ein herausragender Kampf, der mit beeindruckender Choreografie und einer außergewöhnlichen Teamdynamik den Kampf gegen das Böse in seiner reinsten Form zeigt.

Eren vs. Reiner (Attack on Titan)

Ein dramatischer Machtkampf, der körperliche Stärke mit tief emotionaler Auseinandersetzung verbindet – ein echter Clash der Titanen.

Kakashi vs. Obito (Naruto: Shippuden)

Ein emotionaler, aufgeladenen Kampf, in dem Kakashi und Obito die tragische Geschichte ihrer Freundschaft und ihre unterschiedlichen Wege in die Dunkelheit nacherzählen.

Gon vs. Pitou (Hunter x Hunter)

Ein erschütternder, emotional aufgeladener Kampf, der nicht nur visuell, sondern auch emotional mitreißt und das Thema von Rache und Verlust unvergesslich macht.

Akaza vs. Rengoku (Demon Slayer: Mugen Train)

Ein filmreifer Duell, das nicht nur körperliche Kämpfe, sondern auch tiefere Symbolik und emotionale Resonanz aufzeigt und die Bedeutung von Opfer und Mut thematisiert.

All Might vs. All for One (My Hero Academia)
Ein episches Statement über Hoffnung und Dunkelheit, das den finalen Clash zweier gigantischer Kräfte verkörpert und die Zukunft der Heldenwelt bestimmt.

Spike vs. Vicious (Cowboy Bebop)
Ein stilvoller Klassiker mit melancholischer Wucht, der den emotionalen und physischen Kampf zwischen zwei Feinden darstellt und die philosophischen Themen von Einsamkeit und Freiheit aufgreift.

Saitama vs. Garou (One Punch Man)
Ein aufregender Kampf, in dem Garou, der sich ständig weiterentwickelt, gegen Saitama antritt, dessen außergewöhnliche Stärke ihn unaufhaltsam macht. Der Showdown kombiniert Spannung mit humorvollen Momenten, während die beiden Kontrahenten ihre Kräfte messen.

Goku vs. Vegeta (Dragon Ball Z)
Ein Klassiker, der den Beginn einer Rivalität markiert, die die gesamte Dragon Ball-Serie prägt – ein epischer Kampf voller Wut, Stolz, Transformation und Ehrgeiz.

Aang vs. Firelord Ozai (Avatar: The Last Airbender)
Ein dramatischer und emotionaler Abschluss einer jahrelangen Jagd, in dem Aangs wahre Kraft als Avatar zum Leben erwacht und die Freiheit der Welt entscheidet.

Eren vs. Der Kriegshammer-Titan (Attack on Titan)
Ein taktisch intensiver Kampf, in dem das volle Potenzial von Erens Zorn und der geheimen Macht des Kriegers zur Schau gestellt wird – ein wahrer Krieg der Titanen.

Aizen vs. Alle (Bleach)

Der epische Höhepunkt des Bleach-Universums – Aizen stellt sich dem gesamten Gotei 13 und Ichigo in einem ultimativen Kampf der Täuschung, Manipulation und unvorstellbaren Macht.

Naruto vs. Pain (Naruto: Shippuden)

Ein emotionaler Kampf, in dem Naruto gegen Pain antritt, um Konoha zu retten und seine Ideale von Frieden und Verständnis zu verteidigen, was zu einem der ikonischsten Momente der Serie führt.

Kurapika vs. Uvogin (Hunter x Hunter)

Ein Kampf voller Rache, Präzision und unbändiger Gewalt, der Kurapikas Entschlossenheit und Uvogins rohe Macht in einem epischen Showdown vereint.

Ichigo vs. Ulquiorra (Bleach)

Ein Kampf, der sowohl körperliche Stärke als auch tiefere emotionale und philosophische Themen miteinander verwebt und den Höhepunkt von Ichigos Entwicklung darstellt.

Luffy vs. Kaido (One Piece)

Ein episches und lang erwartetes Duell, das Luffys unerschütterlichen Traum, der König der Piraten zu werden, gegen die überwältigende Macht des „Königs der Bestien" stellt. Die Auseinandersetzung zeigt Luffys grenzenlose Entschlossenheit und Kaidos Zerstörungskraft in einer der intensivsten und emotionalsten Kämpfe der Geschichte von „One Piece".

Jeder dieser Kämpfe ist nicht nur ein Höhepunkt der Action, sondern auch ein Spiegelbild der inneren Reise der Charaktere. Sie zeigen, wie weit jemand bereit ist zu gehen, um seine Ziele zu erreichen, und wie tief der Schmerz und die Freude eines Kampfes in der Seele eines Helden oder Antagonisten verwurzelt sind. Diese Duelle bleiben nicht nur wegen ihrer epischen Dimensionen im Gedächtnis, sondern auch aufgrund der emotionalen Resonanz, die sie bei den Zuschauern hinterlassen. Sie erinnern uns daran, dass wahre Stärke nicht nur in der körperlichen Kraft liegt, sondern auch in der Fähigkeit, sich seinen eigenen Dämonen zu stellen. Die legendären Kämpfe der Anime-Welt werden uns weiterhin faszinieren und inspirieren – und das ist genau das, was sie zu unvergänglichen Klassikern macht.

Persönliche Empfehlungen

"Anime wie Solo Leveling, Demon Slayer, Kengan Ashura, Baki und Attack on Titan zeigen eindrucksvoll, wie Action gleichermaßen zu Kunst werden kann."

-Solo Leveling überzeugt mit einer visuell herausragenden Inszenierung: rasante Bewegungen, markante Effekte und ein stetig wachsendes Gefühl von Bedrohung und Macht. Jeder Kampf wirkt wie ein entfesselter Sturm – intensiv, kraftvoll und mitreißend. Die Bildsprache ist präzise und energiegeladen, voller Dynamik und Ausdrucksstärke – ein audiovisuelles Spektakel, das gleichermaßen fesselt und beeindruckt.

-Demon Slayer hebt den Kampf auf eine beinahe poetische Ebene. Hier verschmelzen Farben, Musik und Bewegung zu einem Erlebnis, das gleichzeitig intensiv und wunderschön ist. Kämpfe gleichen Tänzen, die zwischen Hoffnung und Verzweiflung schwanken – kunstvoll choreografiert und emotional tiefgründig.

-Kengan Ashura und Baki dagegen setzen auf rohe Kraft, technische Finesse und die ungebändigte Wildheit des menschlichen Körpers. Ohne übernatürliche Hilfsmittel entsteht hier Spannung durch Körperbeherrschung, Strategie und Willensstärke. Jeder Schlag hat Gewicht, jede Szene vermittelt pure physische Intensität.

-Attack on Titan schließlich vereint Inszenierung, Tempo und emotionale Wucht zu einem cineastischen Erlebnis. Die Kämpfe sind nicht nur atemberaubend, sondern oft mit tiefer Bedeutung aufgeladen. Sie wirken dringlich, unausweichlich – und lassen den Zuschauer mit angehaltenem Atem zurück.

Was all diese Werke vereint, ist die Fähigkeit, Kämpfe mit mehr zu füllen als nur mit Gewalt: Sie weben Emotion, Symbolik und Stil in jede Auseinandersetzung ein. Sie nutzen die Sprache der Bewegung, um tiefere Geschichten zu erzählen – von Mut, Verzweiflung, Überleben und Hoffnung. In ihrer höchsten Form sind diese Kämpfe nicht bloß Spektakel, sondern ein Ausdruck der Seele.

Anime - Empfehlungen

Akame ga Kill!

Genre: Action, Abenteuer, Fantasy, Dunkle Fantasy, Kampfkunst
Erstveröffentlichung: 2010 (Manga), 2014 (Anime)
Die Geschichte folgt Tatsumi, einem jungen Krieger, welcher in
die Hauptstadt reist, um Geld für sein armes Heimatdorf zu
verdienen. Dort schließt er sich einer revolutionären Gruppe namens
„Night Raid" an, die gegen die korrupte Regierung kämpft.
Diese Gruppe besteht aus mächtigen Assassinen mit einzigartigen
Fähigkeiten und Waffen. Die Serie behandelt Themen wie Rache,
Verlust und den Kampf gegen ungerechte Herrschaft.

Attack on Titan (Shingeki no Kyojin)

Genre: Action, Drama, Horror, Mystery, Dunkle Fantasy
Erstveröffentlichung: 2009 (Manga), 2013 (Anime)
In einer Welt, in der gigantische Kreaturen, die „Titanen",
die Menschheit bedrohen, lebt der junge Eren Yeager mit seiner
Schwester Mikasa und seinem Freund Armin in einer von riesigen
Mauern umgebenen Stadt. Als ein Titan die Mauern durchbricht und
Eren's Mutter tötet, schwört er, die Titanen zu vernichten. Eren tritt
dem Militär bei und deckt dabei Geheimnisse über die Titanen sowie
seine eigenen mysteriösen Kräfte auf.

Bleach

Genre: Action, Supernatural, Shonen, Abenteuer
Erstveröffentlichung: 2001 (Manga), 2004 (Anime)
Ichigo Kurosaki ist ein gewöhnlicher Teenager, der Geister sehen
kann. Als er die „Soul Reaper"-Kräfte von Rukia Kuchiki erhält,
einer Schutzpatrouille von Geistern, wird er in den Kampf gegen
böse Geister, sogenannte „Hollows", verwickelt. Die Serie erforscht

den Konflikt zwischen den Welten der Lebenden und der Toten sowie die Verantwortung, die mit übernatürlichen Kräften einhergeht.

Chainsaw Man

Genre: Action, Horror, Dark Fantasy, Comedy, Shonen
Erstveröffentlichung: 2018 (Manga), 2022 (Anime)
Denji ist ein armer Junge, der zusammen mit seinem Hund Pochita lebt und Schulden abbezahlt, indem er als Teufelsjäger arbeitet. Als er bei einem Auftrag von Gegnern getötet wird, wird er mit Pochita fusioniert und verwandelt sich in „Chainsaw Man". Mit seinen neuen Kräften kämpft Denji gegen Teufel, entdeckt die dunkle Welt der Teufelsjäger und verfolgt seine absurderen Ziele.

Code Geass: Lelouch of the Rebellion

Genre: Mecha, Drama, Thriller, Militär, Politik, Übernatürlich
Erstveröffentlichung: 2006 (Anime)
In einer alternativen Welt hat das Britannische Imperium Japan erobert. Lelouch vi Britannia, ein Exilprinz, erhält die Macht „Geass", die es ihm ermöglicht, jeden Befehl zu erteilen, der von einer anderen Person ausgeführt wird. Mit dieser Macht startet er einen Rachefeldzug gegen das Imperium, führt die „Black Knights" an und versucht, das politische System zu stürzen.

Cowboy Bebop

Genre: Science-Fiction, Space Western, Action, Drama, Abenteuer
Erstveröffentlichung: 1998 (Anime)
Im Jahr 2071 folgt die Geschichte einer Gruppe von Kopfgeldjägern, die auf ihrem Raumschiff „Bebop" durch das All reisen, um Verbrecher zu jagen. Der Hauptcharakter, Spike Spiegel, hat eine düstere Vergangenheit als Mitglied eines kriminellen Syndikats.

Jede Episode bietet eine abgeschlossene Geschichte, die Themen wie Einsamkeit, Verlust und das Streben nach Freiheit behandelt.

Death Note

Genre: Psychologischer Thriller, Mystery, Krimi, Übernatürlich
Erstveröffentlichung: 2003 (Manga), 2006 (Anime)
Light Yagami, ein hochintelligenter Schüler, findet ein mystisches Notizbuch, das die Fähigkeit hat, Menschen zu töten, indem man ihren Namen und ihr Gesicht darin aufschreibt. Light nutzt das „Death Note", um das weltweite Verbrechen zu reduzieren, doch der mysteriöse Detektiv L setzt alles daran, ihn zu stoppen. Ein packendes Katz-und-Maus-Spiel entfaltet sich, das Fragen zu Moral, Gerechtigkeit und Macht aufwirft.

Demon Slayer (Kimetsu no Yaiba)

Genre: Action, Abenteuer, Dunkle Fantasy, Übernatürlich
Erstveröffentlichung: 2016 (Manga), 2019 (Anime)
Tanjiro Kamado ist ein freundlicher Junge, dessen Familie von Dämonen ermordet wird. Seine Schwester Nezuko wird ebenfalls in einen Dämon verwandelt. Tanjiro schließt sich der Demon Slayer Corps an, um seine Schwester zu heilen und gegen die Dämonen zu kämpfen. Die Serie behandelt den Kampf zwischen Licht und Dunkelheit sowie das Streben nach Erlösung.

Dr. Stone

Genre: Sci-Fi, Abenteuer, Überlebensgeschichte
Erstveröffentlichung: 2017 (Manga), 2019 (Anime)
Nach einem mysteriösen Ereignis, das die gesamte Menschheit in Stein verwandelt, erwacht der geniale Wissenschaftler Senku Ishigami. Mit seinem Wissen über Wissenschaft und Technologie strebt er danach, die Zivilisation wieder aufzubauen und die Menschheit aus ihrer prähistorischen Rückständigkeit zu befreien.

Fate/Reihe

Genre: Action, Abenteuer, Magie, Fantasy, Übernatürlich
Erstveröffentlichung: 2004 (Visual Novel), 2006 (Anime)
Die Geschichte dreht sich um den „Heiligen Gral Krieg", bei dem
Magier („Masters") und ihre beschworenen Helden („Servants")
um den Heiligen Gral kämpfen, der angeblich jeden Wunsch erfüllen
kann. Im Mittelpunkt steht Shirou Emiya, ein Junge, der
versehentlich in diesen Krieg verstrickt wird und gegen andere
Magier und ihre mächtigen Diener kämpft.

Frieren

Genre: Drama, Fantasy, Slice of Life
Erstveröffentlichung: 2020 (Manga), 2023 (Anime)
Frieren, eine Elfe und mächtige Zauberin, hat mit einer Gruppe
von Helden ein großes Abenteuer bestanden. Doch nach dem Tod
ihrer Gefährten, die nur ein Menschenleben lang leben, muss sie
sich mit dem Verlust und der langen Zeit, die sie überlebt hat,
auseinandersetzen. Die Serie folgt Frieren bei ihrer Reise, in der
sie lernt, menschliche Beziehungen zu schätzen.

Fullmetal Alchemist: Brotherhood

Genre: Action, Abenteuer, Fantasy, Drama
Erstveröffentlichung: 2001 (Manga), 2009 (Anime)
Die Geschichte folgt den Brüdern Edward und Alphonse Elric,
die nach einem fehlgeschlagenen alchemistischen Experiment ihre
Körper verloren haben. Sie begeben sich auf eine Reise, um den
„Stein der Weisen" zu finden, der ihnen helfen soll, ihre Körper
wiederherzustellen. Dabei werden sie in politische Verschwörungen
und die Geheimnisse der Alchemie verwickelt.

Hunter x Hunter (2011)

Genre: Action, Abenteuer, Fantasy, Shonen
Erstveröffentlichung: 1998 (Manga), 2011 (Anime)
Der junge Gon Freecss träumt davon, ein „Hunter" zu werden, um seinen verschwundenen Vater zu finden. Auf seinem Weg trifft er neue Freunde und muss Prüfungen bestehen, die seine Fähigkeiten und Werte herausfordern. Die Serie behandelt Themen wie Freundschaft, Verlust und das Streben nach Selbstverbesserung.

Jujutsu Kaisen

Genre: Action, Supernatural, Dunkle Fantasy
Erstveröffentlichung: 2018 (Manga), 2020 (Anime)
Yuji Itadori ist ein normaler Schüler, der ein gefährliches magisches Artefakt, das „Fluch-Siegel", verschluckt. Nachdem er von einem dämonischen Fluch angegriffen wird, entdeckt er, dass er über übernatürliche Kräfte verfügt. Er tritt der Jujutsu-Schule bei, um gegen böse Flüche zu kämpfen und deren gefährliche Macht zu stoppen.

Made in Abyss

Genre: Abenteuer, Fantasy, Mystery, Drama
Erstveröffentlichung: 2012 (Manga), 2017 (Anime)
Riko, ein junges Mädchen, begibt sich in den Abyss, eine riesige, unerforschte Schlucht, um ihre verschwundene Mutter zu finden. Der Abyss ist voller gefährlicher Kreaturen und mysteriöser Geheimnisse. Riko muss sich den tödlichen Gefahren stellen und die dunklen Geheimnisse des Abyss enthüllen.

Mob Psycho 100

Genre: Action, Supernatural, Comedy, Drama, Psychologie
Erstveröffentlichung: 2012 (Manga), 2016 (Anime)
Shigeo „Mob" Kageyama ist ein unscheinbarer Schüler mit enormen psychischen Kräften. Um sich nicht von seinen Kräften überwältigen zu lassen, lebt er ein ruhiges Leben und arbeitet als Assistent für einen selbsternannten „Geisterexorzisten". Doch als seine Gefühle immer intensiver werden, droht seine Macht außer Kontrolle zu geraten. Die Serie thematisiert Mob's inneren Konflikt und seine Suche nach einem sinnvollen Leben.

Monster

Genre: Thriller, Psychologischer Thriller, Krimi, Mystery
Erstveröffentlichung: 1994 (Manga), 2004 (Anime)
Dr. Kenzo Tenma, ein talentierter Neurochirurg, rettet das Leben eines kleinen Jungen, der schwer verletzt in sein Krankenhaus eingeliefert wird. Doch dieser Junge, Johan Liebert, entwickelt sich zu einem skrupellosen Mörder, der das Leben vieler unschuldiger Menschen zerstört. Tenma fühlt sich verantwortlich und begibt sich auf eine gefährliche Jagd nach Johan, um ihn zu stoppen und die Wahrheit zu entdecken.

My Hero Academia

Genre: Action, Superhelden, Shonen, Abenteuer
Erstveröffentlichung: 2014 (Manga), 2016 (Anime)
In einer Welt, in der fast jeder Mensch Superkräfte hat, träumt der junge Izuku Midoriya davon, ein Held zu werden. Obwohl er selbst keine Macke hat, wird er von dem legendären Helden All Might ausgewählt, um sein Nachfolger zu werden.

Naruto / Naruto Shippuden

Genre: Action, Abenteuer, Shonen, Kampfkunst
Erstveröffentlichung: 1999 (Manga), 2002 (Anime)
Naruto Uzumaki, ein junger Ninja, träumt davon, der stärkste Ninja
und der Hokage, der Anführer seines Dorfes, zu werden. Auf seiner
Reise trifft er viele Freunde und Gegner und muss sich mit der
Dunkelheit seiner Vergangenheit und dem riesigen Monster, das in
ihm versiegelt ist, auseinandersetzen. „Naruto Shippuden" setzt die
Geschichte fort, als Naruto älter wird und gegen noch stärkere
Feinde kämpft.

Neon Genesis Evangelion

Genre: Mecha, Psychologischer Thriller, Drama, Science-Fiction
Erstveröffentlichung: 1995 (Anime)
Shinji Ikari wird von seinem Vater dazu gezwungen, das gigantische
Mecha „Eva" zu steuern, um gegen mysteriöse Kreaturen, die
„Engel", zu kämpfen, die die Menschheit bedrohen. Die Serie
verbindet tiefgründige psychologische Themen mit actiongeladenen
Mecha-Kämpfen und stellt Fragen zu Identität, menschlicher Natur
und existenziellen Ängsten.

One Piece

Genre: Abenteuer, Action, Fantasy, Shonen
Erstveröffentlichung: 1997 (Manga), 1999 (Anime)
Monkey D. Ruffy träumt davon, der König der Piraten zu werden.
Auf seiner Reise, um den legendären „One Piece"-Schatz zu finden,
trifft er auf zahlreiche Freunde und Feinde, wird mit moralischen
Dilemmata und politischen Intrigen konfrontiert und kämpft gegen
andere Piraten, Marine und mysteriöse Mächte. Die Serie ist für
ihren Humor, ihre komplexe Welt und die starke Entwicklung der
Charaktere bekannt.

One Punch Man

Genre: Action, Comedy, Superhelden, Parodie
Erstveröffentlichung: 2009 (Webcomic), 2015 (Anime)
Saitama ist ein gewöhnlicher Mann, der im Geheimen ein Superheld ist. Doch seine Stärke ist so überwältigend, dass er jeden Gegner mit einem einzigen Schlag besiegen kann. Die Serie dreht sich um Saitamas Suche nach einem würdigen Gegner und die Langeweile, die er aufgrund seiner Übermacht empfindet, sowie die Herausforderungen, die er mit der Superhelden-Organisation und seinen Mitmenschen hat.

Parasyte: The Maxim

Genre: Horror, Thriller, Sci-Fi, Übernatürlich
Erstveröffentlichung: 1988 (Manga), 2014 (Anime)
Shinichi Izumi wird von einem parasitären Alien namens Migi befallen, das sich in seiner rechten Hand einnistet. Als weitere Parasiten Menschen in ihrer Umgebung übernehmen, beginnt Shinichi einen inneren und äußeren Kampf gegen diese übernatürlichen Wesen, während er mit seiner eigenen Identität und der Frage nach dem Wert des Lebens konfrontiert wird.

Psycho-Pass

Genre: Thriller, Krimi, Science-Fiction, Dystopie
Erstveröffentlichung: 2012 (Anime)
In einer Zukunft, in der das „Psycho-Pass"-System die psychische Gesundheit der Bevölkerung überwacht und potenzielle Kriminelle identifiziert, arbeitet Akane Tsunemori als Ermittlerin bei der Polizeibehörde. Zusammen mit ihrem Partner, einem Ex-Verbrecher, jagt sie Verbrecher in einer Gesellschaft, in der der Mensch zunehmend durch Technologie kontrolliert wird.

Re:Zero – Starting Life in Another World

Genre: Isekai, Drama, Fantasy, Abenteuer
Erstveröffentlichung: 2012 (Light Novel), 2016 (Anime)
Subaru Natsuki wird plötzlich in eine fremde, fantastische Welt transportiert. Als er dort von einem Monster getötet wird, entdeckt er, dass er die Fähigkeit hat, immer wieder an dem Punkt seines Todes zurückzukehren. Doch jede „Wiederbelebung" bringt neue Herausforderungen und führt ihn in ein Netz von politischen Intrigen und dunklen Geheimnissen.

Samurai Champloo

Genre: Action, Abenteuer, Historisch, Samurai, Comedy
Erstveröffentlichung: 2004 (Anime)
Die Geschichte folgt drei Charakteren – dem Samurai Mugen, dem ehrbaren Samurai Jin und der ungewöhnlichen Frau Fuu, die sich auf die Suche nach dem „Samurai, der nach Sonnenblumen duftet", machen. Die Serie verbindet traditionelles Japan mit modernen Hip-Hop-Elementen und hat einen einzigartigen visuellen Stil.

Solo Leveling

Genre: Action, Abenteuer, Fantasy, Isekai
Erstveröffentlichung: 2016 (Webnovel), 2018 (Manga)
In einer Welt, in der Türen zu gefährlichen Dungeons erscheinen und Monster auf die Erde eindringen, wird der schwächste Abenteurer, Sung Jinwoo, durch einen mysteriösen Vorfall plötzlich zu einem übermächtigen Krieger. Er beginnt eine Reise, um seine Kräfte zu meistern und die wahren Ursachen hinter den Dungeons zu entdecken.

Steins;Gate

Genre: Science-Fiction, Thriller, Mystery, Zeitreise
Erstveröffentlichung: 2009 (Visual Novel), 2011 (Anime)
Rintarou Okabe und seine Freunde entdecken, dass sie die Fähigkeit besitzen, Zeitreisen zu unternehmen, indem sie Nachrichten in die Vergangenheit senden. Doch ihre Experimente mit der Zeit bringen immer mehr unerwartete und gefährliche Konsequenzen mit sich, und sie müssen einen Weg finden, die Auswirkungen ihrer Aktionen zu korrigieren.

Tokyo Ghoul

Genre: Horror, Action, Dark Fantasy, Supernatural
Erstveröffentlichung: 2011 (Manga), 2014 (Anime)
Ken Kaneki ist ein gewöhnlicher Junge, der bei einem Unfall von einem Ghoul, einem menschenfressenden Monster, fast getötet wird. Doch er überlebt, nachdem Teile seines Körpers durch die eines Ghouls ersetzt wurden. Als halb Mensch, halb Ghoul muss er lernen, mit seiner neuen Identität umzugehen und zwischen den Welten der Menschen und Ghouls zu überleben.

Vinland Saga

Genre: Historisch, Action, Drama, Abenteuer
Erstveröffentlichung: 2005 (Manga), 2019 (Anime)
In der Zeit der Wikinger folgt die Geschichte dem jungen Thorfinn, der Zeuge der Ermordung seines Vaters wird und auf Rache sinnt. Die Serie behandelt Themen wie Krieg, Rache, Überleben und die komplexen Beziehungen zwischen den Charakteren in einer brutalen, historisch inspirierten Welt.

Unterschiedliche Animationsstile im Anime

Anime ist weltweit bekannt für seine bemerkenswerte Vielfalt an Animationsstilen, die einen wichtigen Beitrag zur einzigartigen Identität des Mediums leisten. Diese breite stilistische Palette ermöglicht es, Geschichten auf unterschiedlichste Weise zu erzählen und gibt jedem Genre und jeder Zielgruppe eine passende visuelle Sprache. Im Folgenden werfen wir einen Blick auf einige der bekanntesten und charakteristischsten Animationsstile im Anime und ihre Bedeutung für die Erzählweise und Atmosphäre.

Der klassische Anime-Stil

Der klassische Anime-Stil prägt das Bild vieler älterer Serien und ist ein markantes Merkmal der traditionellen Anime-Ästhetik. Kennzeichnend für diesen Stil sind große, ausdrucksstarke Augen, detaillierte Gesichtszüge und eine klare Linienführung. Dieser Stil betont vor allem emotionale Reaktionen und hilft, Charaktere visuell voneinander zu unterscheiden. Serien wie Dragon Ball Z oder Sailor Moon nutzen diesen Stil, um sowohl actionreiche als auch tiefgründige emotionale Geschichten zu erzählen. Die übertriebenen Gesichtsausdrücke und auffälligen Charakterdesigns tragen zur lebendigen Darstellung von Konflikten und zwischenmenschlichen Beziehungen bei.

Der Chibi-Stil

Der Chibi-Stil stellt Charaktere in einer besonders niedlichen, verkleinerten Form dar, oft mit überproportional großen Köpfen und winzigen Körpern. Diese Darstellung wird häufig in humorvollen oder emotionalen Szenen verwendet, um die Reaktionen der Charaktere zu verstärken und die Atmosphäre aufzulockern. Der Chibi-Stil hebt sich von realistischeren Darstellungen ab und betont auf spielerische Weise die kindliche oder verspielte Seite der

Charaktere. Ein gutes Beispiel für den Einsatz des Chibi-Stils sind Serien wie Cardcaptor Sakura oder Sakura Quest, in denen dieser Stil vor allem in komischen oder rührenden Momenten verwendet wird.

Der realistische Stil

Der realistische Stil verfolgt das Ziel, Charaktere und Umgebungen möglichst naturgetreu darzustellen. Der Fokus liegt dabei auf präzisen Proportionen und detaillierten Hintergrundbildern. Animes wie Ghost in the Shell oder Attack on Titan nutzen diesen Stil, um eine ernste, oft düstere Stimmung zu erzeugen und komplexe Themen wie Technologie, Gewalt und Moral glaubhaft darzustellen. Der realistische Stil eignet sich besonders für tiefgründige Erzählungen, die eine ernsthafte Auseinandersetzung mit den dargestellten Themen ermöglichen.

Der minimalistische Stil

Der minimalistische Stil setzt auf eine reduzierte visuelle Sprache, bei der nur wenige Details und einfache Formen verwendet werden. Dieser Ansatz lässt den Fokus stärker auf der Atmosphäre, dem Dialog und der Charakterentwicklung. Serien wie Ping Pong: The Animation und Monogatari zeichnen sich durch diesen minimalistischen Stil aus, der bewusst auf überflüssige Details verzichtet, um die emotionale Wirkung der Geschichte zu intensivieren. Die Reduktion auf das Wesentliche verstärkt die Konzentration auf das, was wirklich wichtig ist, und fördert eine tiefere Auseinandersetzung mit der Erzählung.

Superdeformed (SD)

Der Superdeformed-Stil (SD) stellt Charaktere in extrem verzerrter Form dar, mit überdimensionalen Köpfen und kleinen Körpern. Dieser Stil wird vor allem in humorvollen Szenen eingesetzt, um eine komische oder übertriebene Wirkung zu erzielen. Der SD-Stil verstärkt Emotionen wie Freude oder Wut auf eine spielerische Art und Weise und wird oft in Animes wie One Piece verwendet. Besonders in humorvollen oder überraschenden Momenten sorgt dieser Stil für noch stärkere emotionale Reaktionen und trägt zur Unterhaltung bei.

Kunststil und experimentelle Animation

Einige Animes setzen bewusst auf unkonventionelle, künstlerische Designs, die durch experimentelle Animationen die visuelle Gestaltung in den Vordergrund stellen. Diese experimentellen Techniken kommen häufig in surrealen oder symbolischen Geschichten zum Einsatz, die eine tiefere, oft philosophische Dimension ansprechen. Serien wie The Tatami Galaxy oder FLCL verwenden diesen Ansatz, um eine einzigartige Atmosphäre zu schaffen, die den Zuschauer auf einer visuellen und emotionalen Ebene anspricht. Die ungewöhnlichen und manchmal psychedelischen Visualisierungen ermöglichen eine vielschichtige Interpretation der dargestellten Themen und bieten eine außergewöhnliche Erfahrung.

3D-Animation im Anime

In den letzten Jahren hat die Verwendung von 3D-Animationen in Anime-Produktionen zugenommen. Dabei werden sowohl ganze Serien als auch einzelne Szenen in 3D animiert, um visuelle Effekte und Bewegungsdynamik zu optimieren. Animes wie Land of the Lustrous und Knights of Sidonia setzen vollständig auf 3D-Animation, um komplexe Bewegungen und Szenen zu realisieren, die mit traditioneller 2D-Animation schwer umsetzbar wären. **Allerdings ist die 3D-Animation im Anime bei vielen Fans nicht immer beliebt!** Oft wird sie als schlecht umgesetzt empfunden, wenn die Integration von 3D-Elementen in die ansonsten 2D-dominierte Welt unnatürlich oder stockend wirkt.

Serien wie Beastars und Terra Formars haben diesbezüglich kritische Rückmeldungen erhalten, da die 3D-Animationen als zu starr oder visuell unangenehm wahrgenommen wurden. Dennoch bietet 3D-Animation in bestimmten Genres und für spezielle visuelle Effekte Potenzial, das in Zukunft besser ausgeschöpft werden könnte.

Painterly/Stilisierte Malerei

Ein weiterer auffälliger Animationsstil im Anime ist der „Painterly-Stil", bei dem die Animation wie ein lebendig gewordenes Gemälde wirkt. Durch den Einsatz von weichen Farben, Texturen und Pinselstrichen wird den Bildern eine malerische Qualität verliehen, die sie von der klassischen Anime-Ästhetik abhebt. Animes wie Your Name oder The Night is Short, Walk on Girl nutzen diesen Stil, um eine visuelle Schönheit zu erzeugen, die die poetische und romantische Atmosphäre der Geschichten verstärkt. Diese künstlerische Herangehensweise hebt das visuelle Erleben auf ein höheres Niveau und bietet eine tiefere emotionale Verbindung zum Zuschauer.

Die Vielfalt der Animationsstile im Anime ist ein herausragendes Merkmal des Mediums, das seine enorme Anpassungsfähigkeit und kreative Bandbreite unterstreicht. Ob klassisch, minimalistisch, realistisch oder experimentell – jeder Stil trägt zur einzigartigen Wirkung der Geschichte bei und hilft, die emotionale und thematische Tiefe der Erzählung zu vermitteln. Die Integration von 3D-Animationen stellt eine Herausforderung dar, wird jedoch zunehmend als spannende Möglichkeit angesehen, neue visuelle Dimensionen zu erschließen. Anime bleibt ein faszinierendes und vielgestaltiges Medium, das immer neue Wege geht, um Geschichten zu erzählen und den Zuschauer zu begeistern.

Bekannte Anime-Animationsstudios

Studio Ghibli

Gegründet: 1985 von Hayao Miyazaki und Isao Takahata.
Bekannte Werke: Mein Nachbar Totoro, Spirited Away, Prinzessin Mononoke, Das wandelnde Schloss, Naussicaa aus dem Tal der Winde.

Studio Ghibli ist eines der renommiertesten und einflussreichsten Anime-Studios weltweit. Es ist für seine meisterhaft handgezeichneten Animationen bekannt, die sowohl visuell als auch emotional eine enorme Tiefe besitzen. Die Werke des Studios sind häufig durch Themen wie Umweltbewusstsein, Kriegsleiden und die Entwicklung von zwischenmenschlichen Beziehungen geprägt. Spirited Away gewann einen Oscar und bleibt eines der bekanntesten und gefeiertsten Werke der Studio-Ghibli-Filmschmiede.

Madhouse

Gegründet: 1972.
Bekannte Werke: Death Note, Hunter x Hunter, One Punch Man, Trigun, No Game No Life.

Madhouse ist bekannt für seine qualitativ hochwertigen Produktionen, die eine Vielzahl von Genres abdecken, von düsteren Thrillern bis hin zu epischen Abenteuern. Besonders hervorzuheben sind die komplexen, oft psychologischen Erzählungen und die beeindruckenden Actionsequenzen. Death Note und Hunter x Hunter gehören zu den angesehensten und beliebtesten Anime-Serien weltweit.

Kyoto Animation (KyoAni)

Gegründet: 1981.
Bekannte Werke: Clannad, A Silent Voice, K-On!, Violet Evergarden, The Melancholy of Haruhi Suzumiya.

Kyoto Animation ist berühmt für seine hochklassige, detaillierte Animation und seine Fähigkeit, tiefgreifende, emotionale Geschichten zu erzählen. Das Studio ist ein Meister in der Darstellung von Charakterentwicklung und der Darstellung von zwischenmenschlichen Beziehungen. Werke wie Violet Evergarden und A Silent Voice haben bei den Zuschauern weltweit tief bewegende Eindrücke hinterlassen.

Bones

Gegründet: 1998.
Bekannte Werke: Fullmetal Alchemist: Brotherhood, My Hero Academia, Mob Psycho 100, Space Dandy.

Bones hat sich einen Namen gemacht, indem es sich auf beeindruckende Action, kreative Visualisierung und tiefgründige Charakterentwicklung konzentriert. Das Studio schafft es, spannende, dynamische Szenen zu liefern und komplexe Geschichten zu erzählen. Fullmetal Alchemist: Brotherhood und My Hero Academia gehören zu den bekanntesten und einflussreichsten Anime-Serien.

Sunrise

Gegründet: 1972.
Bekannte Werke: Mobile Suit Gundam, Code Geass, Cowboy Bebop, The Vision of Escaflowne.

Sunrise ist berühmt für seine bahnbrechende Arbeit im Mecha-Genre, insbesondere mit der Gundam-Reihe. Es hat auch meisterhaft epische, politisch und philosophisch komplexe Erzählungen geschaffen, wie etwa in Code Geass. Das Studio ist für seine innovative Gestaltung und die Fähigkeit bekannt, sowohl actiongeladene als auch tiefgründige Serien zu produzieren.

A-1 Pictures

Gegründet: 2005.
Bekannte Werke: Sword Art Online, Your Lie in April, Fairy Tail, Kaguya-sama: Love Is War, Solo Leveling.

A-1 Pictures ist eines der vielseitigsten und produktivsten Studios der Branche. Mit einer breiten Palette an Genreproduktionen, von Fantasy und Action bis hin zu Drama und Comedy, hat sich das Studio als äußerst erfolgreich etabliert. Besonders hervorzuheben ist Solo Leveling, eine eindrucksvolle Adaption des beliebten Webtoons, die A-1s Fähigkeit zeigt, actionreiche und visuell fesselnde Geschichten zu inszenieren. Sword Art Online und Your Lie in April sind weitere ikonische Produktionen des Studios.

Trigger

Gegründet: 2011.
Bekannte Werke: Kill la Kill, Little Witch Academia, Promare, BNA: Brand New Animal.

Trigger ist bekannt für seinen auffälligen, einzigartigen Animationsstil und seine außergewöhnliche, oft experimentelle Erzählweise. Das Studio nutzt kräftige Farben, schnelle Action und ungewöhnliche visuelle Effekte, um seinen Produktionen einen besonderen Charakter zu verleihen. Kill la Kill und Promare sind Beispiele für Trigger's wilde, energiegeladene Ästhetik und ihre Fähigkeit, die Zuschauer mit fantastischen Ideen und intensiven Actionsequenzen zu fesseln.

Toei Animation

Gegründet: 1948.
Bekannte Werke: Dragon Ball, One Piece, Sailor Moon, Digimon, Kinnikuman.

Als eines der ältesten und größten Anime-Studios hat Toei Animation einige der bekanntesten und einflussreichsten Anime-Franchises ins Leben gerufen. Dragon Ball und One Piece sind weltweit Kult, und Toei hat das Anime-Genre durch die Produktion von unzähligen Serien und Filmen maßgeblich geprägt. Das Studio ist besonders für seine langlebigen, actiongeladenen Anime bekannt.

David Production

Gegründet: 2007.
Bekannte Werke: JoJo's Bizarre Adventure, Fire Force, Hellsing Ultimate.

David Production hat sich durch seine stilisierte Animation und seine kreativen Erzähltechniken hervorgetan. Besonders JoJo's Bizarre Adventure hat mit seiner einzigartigen visuellen Ästhetik und seinen schrillen Charakteren weltweit Kultstatus erlangt. Das Studio kombiniert klassische Action-Elemente mit exzentrischen Erzählungen und beeindruckt durch innovative Designs und Animationen.

White Fox

Gegründet: 2007.
Bekannte Werke: Steins;Gate, Re:Zero, The Devil Is a Part-Timer!, Goblin Slayer.

White Fox ist bekannt für seine Mischung aus hochwertigen Animationen und fesselnden, komplexen Geschichten. Das Studio hat sich auf anspruchsvolle Sci-Fi- und Fantasy-Animes spezialisiert, bei denen die Charakterentwicklung und tiefgehende Erzählstränge im Vordergrund stehen. Steins;Gate und Re:Zero sind ausgezeichnete Beispiele für das Studio's Fähigkeit, emotionale und philosophische Themen auf meisterhafte Weise zu behandeln.

Diese Studios sind in der Anime-Industrie führend und haben durch ihre kreativen, technisch anspruchsvollen und kulturell prägenden Produktionen bleibenden Einfluss hinterlassen. Sie sind verantwortlich für einige der bekanntesten und gefeiertsten Werke, die weltweit Millionen von Fans begeistern.

Deutsche / japanische Synchronisation und Untertitel

Anime-Fans entscheiden sich häufig dafür, ihre Lieblingsserien und -filme auf Japanisch mit Untertiteln zu schauen, und das aus mehreren überzeugenden Gründen. Ein entscheidender Aspekt ist die Authentizität des Originaltons. Die japanische Sprache ist untrennbar mit der Kultur des Landes verbunden, und viele Nuancen der Dialoge gehen in Übersetzungen oder Synchronisationen verloren. Emotionen, Tonfall und die subtile Bedeutung der Worte kommen im Japanischen deutlich besser zur Geltung, was es den Zuschauern ermöglicht, die Charaktere und ihre inneren Konflikte authentischer zu erleben. Die Serie wird in ihrer ursprünglich beabsichtigten Form präsentiert, wodurch das Erlebnis eine größere Tiefe erhält und die Intention der Macher besser zur Geltung kommt.

Darüber hinaus bietet das Schauen von Anime auf Japanisch mit Untertiteln auch eine wertvolle Möglichkeit, die japanische Sprache zu lernen oder vorhandene Kenntnisse zu vertiefen. Anime enthält zahlreiche alltägliche Redewendungen und kulturelle Nuancen, die den Zuschauern helfen können, ein besseres Verständnis für die Sprache und die japanische Kultur zu entwickeln. Für Fans, die Japanisch lernen oder ihre Sprachkenntnisse erweitern möchten, wird das Schauen von Anime somit zu einer unterhaltsamen und lehrreichen Erfahrung. Es ist eine Form des Sprachenlernens, die das Interesse an der Serie fördert und gleichzeitig den Lernprozess unterstützt.

Ein weiterer wesentlicher Grund, warum Fans häufig zur Originalfassung greifen, ist die hohe Qualität der japanischen Synchronisation. Japanische Synchronsprecher sind bekannt dafür, ihren Charakteren außergewöhnliche Tiefe und Ausdruck zu verleihen. Ihre Stimmen transportieren Emotionen und Feinheiten, die in der Übersetzung oft verloren gehen.

In vielen Fällen empfinden Fans die japanischen Stimmen als authentischer und nuancierter im Vergleich zu synchronisierten Versionen, deren Emotionen oft flacher oder weniger überzeugend wirken.

Nicht zuletzt spielt auch die Verfügbarkeit von Synchronisationen eine Rolle. Viele Anime-Serien oder -Filme erhalten zunächst keine oder erst später eine Synchronisation in anderen Sprachen. Besonders bei neuen oder weniger bekannten Titeln kann es sein, dass eine Synchronisation lange auf sich warten lässt oder gar nicht produziert wird. In solchen Fällen bleibt den Fans oft keine andere Wahl, als auf die japanische Originalfassung mit Untertiteln zurückzugreifen, um die neuesten Episoden oder Filme ohne längere Wartezeiten zu genießen.

Zusammenfassend lässt sich sagen, dass das Schauen von Anime auf Japanisch mit Untertiteln für viele Fans weit mehr ist als nur eine Vorliebe für die Sprache. Es ermöglicht ihnen, die Serie authentisch und ohne Verzerrungen zu erleben, mehr über die japanische Kultur zu lernen und sich intensiver mit den Charakteren und ihren Emotionen auseinanderzusetzen. Durch die Kombination aus Unterhaltung und sprachlicher sowie kultureller Auseinandersetzung bietet diese Art des Ansehens ein bereicherndes Erlebnis, das sowohl den künstlerischen als auch den bildenden Aspekt des Animes würdigt.

Bekannte deutsche Synchronsprecher

Die Legende "Tommy Morgenstern":
Die deutsche Stimme von Son Goku

Tommy Morgenstern zählt zu den bekanntesten deutschen Synchronsprechern, und seine Rolle als die Stimme von Son Goku in der deutschen Version der Dragon Ball-Reihe gehört zu den prägendsten und beliebtesten seiner Karriere. Seine Interpretation des Charakters hat maßgeblich zur Wahrnehmung von Goku in Deutschland beigetragen und ist untrennbar mit dieser ikonischen Figur verbunden.

Ein herausragendes Merkmal von Tommy Morgensterns Darstellung von Son Goku ist die immense Energie, die er in die Rolle einbringt. Goku ist ein Charakter, der für seinen unerschütterlichen Kampfgeist, seine Lebensfreude und seine stets positive Einstellung bekannt ist. Diese Eigenschaften kommen in seiner Stimme klar zum Ausdruck, besonders in den actiongeladenen Szenen, in denen Goku gegen mächtige Gegner kämpft. Morgenstern gelingt es, diese dynamischen Momente stimmlich umzusetzen, ohne dass es an Authentizität oder Übertreibung mangelt. Besonders in den intensiven Kämpfen von Dragon Ball Z wird die Energie des Charakters durch Morgensterns Stimme perfekt zur Geltung. Seine Darbietung ist stets vielschichtig und spiegelt die Vielseitigkeit und den unermüdlichen Willen von Goku wider, niemals aufzugeben.

Im Laufe der Jahre hat sich auch die Stimme von Son Goku – und damit die Interpretation von Tommy Morgenstern – weiterentwickelt. Zu Beginn war Goku noch ein junger, unschuldiger und unbeschwerter Charakter. Morgenstern brachte in diesen frühen Episoden eine eher hohe, verspielte Stimme ein, die die kindliche und naiv wirkende Seite des Charakters widerspiegelte.

Doch im Verlauf von Dragon Ball Z wuchs Goku zu einem ernsthaften Kämpfer heran, der mehr Verantwortung übernahm. Morgensterns Stimme passte sich dieser Entwicklung an und wurde zunehmend rauer und erwachsener. Diese Veränderung spiegelt Gokus Wandel vom Kind zum erfahrenen Krieger wider und zeigt, wie sich seine inneren Konflikte und die zunehmende Last auf seinen Schultern auch stimmlich manifestieren. Die Anpassung der Stimme macht den Charakter für das Publikum glaubwürdiger und realistischer.

Was Tommy Morgenstern als Goku besonders auszeichnet, ist der unverwechselbare Klang seiner Stimme. Sie besitzt eine Mischung aus Wärme und Rauheit, die perfekt zu Gokus Persönlichkeit passt. Diese Kombination ist besonders wirkungsvoll, da sie die Unschuld und Hilfsbereitschaft des Charakters mit seiner kämpferischen Entschlossenheit und seinem unerschütterlichen Willen vereint. Wenn Goku in dramatischen Momenten, wie etwa beim Verlust eines geliebten Menschen oder bei der Konfrontation mit seinen stärksten Gegnern, eine tiefere, ernstere Stimme annimmt, wird sofort klar, dass Morgenstern es versteht, Gokus innere Konflikte und seine Entschlossenheit zu vermitteln, ohne die Essenz des Charakters zu verfälschen. Auch in den humorvollen oder leichten Momenten bleibt Gokus Stimme stets authentisch und sorgt für die notwendige Sympathie und Menschlichkeit.

Ein weiterer bedeutender Aspekt von Tommy Morgensterns Darstellung ist die emotionale Bandbreite, die er dem Charakter verleiht. Son Goku ist nicht nur ein Kämpfer, sondern auch ein Mensch mit einer tiefen Bindung zu seinen Freunden und seiner Familie. Morgenstern zeigt dies besonders in den emotionalen Szenen der Serie. Ob beim Verlust eines geliebten Menschen, beim Aufeinandertreffen mit schwierigen moralischen Entscheidungen oder beim Triumphen über scheinbar unüberwindbare Gegner – Morgenstern gelingt es, Goku auch in seinen verletzlichen Momenten stimmlich zum Leben zu erwecken.

In solchen Szenen zeigt sich die Vielseitigkeit von Morgensterns Stimme, die von einer leichten, kindlichen Verspieltheit bis hin zu einer tiefen, ernsten Resonanz reicht. Diese Fähigkeit, die verschiedenen Facetten des Charakters stimmlich auszudrücken, trägt entscheidend dazu bei, dass Goku nicht nur als Kämpfer, sondern auch als liebenswerter, emotional komplexer Charakter wahrgenommen wird.

Tommy Morgensterns Interpretation von Son Goku ist eine der bekanntesten und beliebtesten deutschen Synchronisationen geworden. Für viele Fans ist seine Stimme die definitive Version von Goku, und sie ist untrennbar mit der Figur verbunden. Morgenstern hat damit einen bleibenden Einfluss auf die Wahrnehmung von Goku in Deutschland ausgeübt. Besonders für die Generation, die Dragon Ball Z in den 1990er Jahren im deutschen Fernsehen verfolgt hat, ist seine Stimme ein ikonisches Markenzeichen des Charakters. Dieser Einfluss macht ihn zu einer der prägendsten Stimmen der deutschen Anime-Synchronisation.

Zusammenfassend lässt sich sagen, dass Tommy Morgenstern als die deutsche Stimme von Son Goku einen unverzichtbaren Beitrag zur deutschen Synchronisation der Dragon Ball-Reihe geleistet hat. Durch seine energetische, vielseitige und emotional tiefgehende Darbietung hat er es geschafft, die Essenz von Goku auf eine Weise zu verkörpern, die sowohl die Dynamik der Kämpfe als auch die emotionale Tiefe des Charakters widerspiegelt. Morgensterns Goku ist sowohl der entschlossene Kämpfer als auch der liebevolle und hilfsbereite Freund, und diese facettenreiche Darstellung hat Goku zu einem der beliebtesten Anime-Charaktere in Deutschland gemacht.

Weitere bekannte Synchronsprecher

Daniel Schlauch

Bekannteste Rolle: Monkey D. Ruffy (One Piece)
Stil: Energisch, jugendlich, lebensbejahend – eine markante, treibende Stimme für den Piratenprotagonisten.

Oliver Siebeck

Bekannteste Rolle: Vegeta (Dragon Ball Z / Super)
Stil: Tief, stolz, mit einer aggressiven und zugleich sarkastischen Note – perfekt für den stolzen Saiyajin.

Konrad Bösherz

Bekannteste Rolle: Ichigo Kurosaki (Bleach)
Stil: Vielseitig, jugendlich und kämpferisch – eine starke, emotionale Stimme für den kämpferischen Protagonisten.

Tobias Pippig

Bekannteste Rolle: Naruto Uzumaki (Naruto, frühe Folgen)
Stil: Lebendig, energiegeladen und mit einer deutlichen Entwicklung von naiv zu entschlossen.

Henning Nöhren

Bekannteste Rolle: Naruto Uzumaki (Naruto Shippuden, ab Folge 268)
Stil: Lebendig, energiegeladen und mit einer deutlichen Entwicklung von naiv zu entschlossen.

Pippig und Nöhren haben einen lebendigen, energiegeladenen Stil. Pippig spricht die naive, frühe Version von Naruto, während Nöhren die reifere und entschlossenere Phase übernimmt.

Jannik Endemann

Bekannteste Rolle: Sasuke Uchiha (Naruto)
Stil: Kalt, ruhig und voller innerer Zerrissenheit – Sasuke wird mit einer stoischen Intensität gesprochen.

Kim Hasper

Bekannteste Rolle: Light Yagami (Death Note)
Stil: Kalt, intelligent und manipulierend – gibt dem charismatischen Antagonisten eine bedrohliche Präsenz.

Max Felder

Bekannteste Rolle: Eren Jäger (Attack on Titan)
Stil: Intensiv, wütend und voller innerer Zerrissenheit – die Stimme spiegelt Erens drastische Entwicklung wider.

David Turba

Bekannteste Rolle: Edward Elric (Fullmetal Alchemist)
Stil: Emotional, leidenschaftlich und voller innerer Konflikte – seine Stimme spiegelt die komplexen Gefühle von Verlust, Reue und Kampf wider.

Martin May

Bekannteste Rolle: Kakashi Hatake (Naruto)
Stil: Ruhig, mit einem Hauch von Ironie und Weisheit – ideal für den legendären Ninja-Lehrer.

Bastian Sierich

Bekannteste Rolle: Ulquiorra Cifer (Bleach)
Stil: Kühl, ruhig und gleichzeitig bedrohlich – eine tiefe, distanzierte Stimme, welche die komplexe Natur des Charakters widerspiegelt.

Jürgen Holdorf

Bekannteste Rolle: Jiraiya (Naruto)
Stil: Humorvoll, weise und mit einem leicht melancholischen Unterton – ein Mentor mit tiefer Weisheit und Herz.

Claudia Urbschat-Mingues

Bekannteste Rolle: Bulma (Dragon Ball Z)
Stil: Selbstbewusst, schlagfertig und mit einem Hauch von Zickigkeit – Bulmas Eigenständigkeit wird lebendig gemacht.

Volker Hanisch

Bekannteste Rolle: Madara Uchiha (Naruto)
Stil: Bedrohlich und majestätisch, mit einer tiefen, kalten Autorität.

Marco Eßer

Bekannteste Rolle: Jin-Woo Sung (Solo Leveling)
Stil: Modern, dynamisch und selbstbewusst – die Entwicklung vom Schwächling zum Helden wird gekonnt eingefangen.

Luisa Wietzorek

Bekannteste Rolle: Gon Freecss (Hunter x Hunter)
Stil: Unbeschwert, aber auch mit einer gewissen Ernsthaftigkeit – Gons kindliche Neugier wird mit viel Lebensfreude vermittelt.

Esther Brandt

Bekannteste Rolle: Killua Zoldyck (Hunter x Hunter)
Stil: Kalt, ruhig und dennoch verletzlich – bringt Killuas innere Zerrissenheit perfekt zum Leben.

Uwe Thomsen

Bekannteste Rolle: Roronoa Zoro (One Piece)
Stil: Rau, entschlossen und mit einem unerschütterlichen Fokus – die ideale Stimme für Zoros stoische Haltung.

Andreas Meese

Bekannteste Rolle: Sōsuke Aizen (Bleach)
Stil: Elegant, ruhig und kalkulierend – Aizens bedrohliche Aura wird mit einer kontrollierten, kalten Stimme unterstrichen.

Florian Halm

Bekannteste Rolle: Levi Ackerman (Attack on Titan)
Stil: Karg, unaufgeregt und doch voller Stärke – Levis stoische und fast schon übermenschliche Präsenz wird präzise wiedergegeben.

Bekannte japanische Synchronsprecher

Nobuyuki Hiyama

Bekannt für Ryouga Hibiki in Ranma ½, Saiga Iori in Speed Grapher und viele andere Action-Rollen.

Takahiro Sakurai

Bekannt für Suzaku Kururugi in Code Geass, Cloud Strife in Final Fantasy VII: Advent Children und Reiji Ishida in Uta no Prince-sama.

Yuki Kaji

Bekannt für Eren Jaeger in Attack on Titan, Shoto Todoroki in My Hero Academia und Meliodas in The Seven Deadly Sins.

Maaya Sakamoto

Bekannt für Hitomi Kanzaki in Vision of Escaflowne, Shiki Ryougi in The Garden of Sinners und Mylene Jenius in Macross 7.

Rie Kugimiya

Bekannt für Shana in Shakugan no Shana, Nagi Sanzenin in Hayate the Combat Butler und Louise Françoise Le Blanc de La Vallière in Zero no Tsukaima.

Hiroshi Kamiya

Bekannt für Levi Ackerman in Attack on Titan, Araragi Koyomi in Monogatari und Yato in Noragami.

Jun Fukuyama

Bekannt für Lelouch vi Britannia in Code Geass, King in The Seven Deadly Sins und Koro-Sensei in Assassination Classroom.

Kana Hanazawa

Bekannt für Kuroneko in Oreimo, Mayuri Shiina in Steins;Gate und Miku Nakano in The Quintessential Quintuplets.

Kappei Yamaguchi

Bekannt für Usopp in One Piece, Ranma Saotome in Ranma ½ und Inuyasha in Inuyasha.

Taito Ban

Bekannt für Sung Jin-Woo in Solo Leveling, Amane Fujimiya in The Angel Next Door Spoils Me Rotten und Shizusumi Yagi in Given.

Kazuya Nakai

Bekannt für Roronoa Zoro in One Piece, Gintoki Sakata in Gintama und Hijikata Toshirou in Hakuouki.

Nana Mizuki

Bekannt für Hinagiku Katsura in Hayate the Combat Butler und Fate Testarossa in Magical Girl Lyrical Nanoha.

Bekannte Anime-Komponisten

Yoko Kanno (菅野よう子)

Berühmte Werke: Cowboy Bebop, Ghost in the Shell: SAC, Macross Frontier, Wolf's Rain, Escaflowne

Stil: Kanno ist berüchtigt für ihre außergewöhnliche Vielseitigkeit. Sie beherrscht nahezu jedes Musikgenre, von Jazz und Klassik bis hin zu elektronischer Musik und Rock.

Markenzeichen: Ihre Kompositionen sind tief mit den Charakteren und der Atmosphäre der Serien verbunden. Sie nutzt eine breite Palette an Instrumentierungen und sticht besonders durch die Mischung von Genres hervor.

Kult-Track: Tank! aus Cowboy Bebop – Ein energiegeladener Jazz-Track, der das dynamische und ikonische Gefühl der Serie widerspiegelt.

Joe Hisaishi (久石譲)

Berühmte Werke: Spirited Away, Princess Mononoke, My Neighbor Totoro, Howl's Moving Castle, Kiki's Delivery Service (alle von Studio Ghibli)

Stil: Hisaishi ist bekannt für seine symphonische, emotional tiefgehende Musik. Er kombiniert sanfte Klaviermelodien mit großflächiger Orchestrierung und schafft so packende, zeitlose Stücke.

Markenzeichen: Besonders durch seine Zusammenarbeit mit Studio Ghibli hat er sich als Meister der atmosphärischen Filmmusik etabliert. Seine Werke zeichnen sich durch ihre Filigranität und emotionale Tiefe aus.

Kult-Track: One Summer's Day aus Spirited Away – Ein zarter, melancholischer Track, der die Themen von Nostalgie und Verlust meisterhaft einfängt.

Hiroyuki Sawano (澤野弘之)

Berühmte Werke: Attack on Titan, Aldnoah.Zero, Kill la Kill, Blue Exorcist, 86

Stil: Sawano ist für seine epische, dramatische Musik bekannt, die sich perfekt für actiongeladene und emotionale Szenen eignet. Er kombiniert orchestrale Klänge mit modernen Rock- und EDM-Elementen.

Markenzeichen: Seine Musik ist dynamisch und fesselnd, häufig unterstützt von einprägsamen Vokalpassagen und gewaltigen orchestralen Arrangements.

Kult-Track: Vogel im Käfig aus Attack on Titan – Ein kraftvoller, orchestraler Track, der die düstere und epische Atmosphäre der Serie verstärkt.

Yuki Kajiura (梶浦由記)

Berühmte Werke: Fate/Zero, Sword Art Online, Puella Magi Madoka Magica, Noir

Stil: Kajiura ist für ihre dramatische und mystische Musik bekannt, die klassische Orchestrierung mit modernen elektronischen Klängen vereint. Ihre Werke sind oft von einer geheimnisvollen, dunklen Atmosphäre geprägt.

Markenzeichen: Kajiura arbeitet häufig mit Chören und Vokalisten zusammen, was ihrer Musik eine tiefere emotionale Schicht verleiht. Ihre Stücke sind oft von intensiven, wiederkehrenden Themen durchzogen.

Kult-Track: Sis Puella Magica aus Puella Magi Madoka Magica – Ein packender, orchestraler Track mit Chor, der die düstere und mystische Stimmung der Serie verstärkt.

Kenji Kawai (川井憲次)

Berühmte Werke: Ghost in the Shell, Higurashi no Naku Koro ni, Patlabor, Mazinger Z: Infinity

Stil: Kawai ist berühmt für seine meisterhafte Mischung aus traditioneller japanischer Musik und modernen elektronischen Klängen.

Markenzeichen: Seine Musik ist mystisch und atmosphärisch, oft kombiniert mit sakralen Chorpassagen und gewaltigen orchestralen Arrangements, die die dystopische Stimmung seiner Werke verstärken.

Kult-Track: Making of Cyborg aus Ghost in the Shell – Ein düsterer, aber eingängiger Track, der perfekt die Themen von Identität und Technologie in der Serie widerspiegelt.

Shiro Sagisu (鷲巣詩郎)

Berühmte Werke: Neon Genesis Evangelion, Bleach, Magi: The Labyrinth of Magic

Stil: Sagisu kombiniert klassische Orchestermusik mit modernen elektronischen Elementen und dramatischen Choralpassagen, um eine eindrucksvolle Atmosphäre zu schaffen.

Markenzeichen: Seine Musik ist oft von tiefgründigen Emotionen und tragischen Themen geprägt. Besonders in Neon Genesis Evangelion setzt er auf eine Mischung aus düsteren und melancholischen Stücken, die die komplexe Handlung unterstützen.

Kult-Track: Decisive Battle aus Neon Genesis Evangelion – Ein epischer, emotional aufgeladener Track, der die Spannung und das Drama der Serie perfekt einfängt.

Michiru Oshima (大島ミチル)

Berühmte Werke: Fullmetal Alchemist (2003), Snow White with the Red Hair, The Woman Called Fujiko Mine

Stil: Oshima ist bekannt für ihre Fähigkeit, emotionale Tiefe und epische Dimensionen mit orchestraler Musik zu vermitteln. Ihre Kompositionen sind oft eine Mischung aus sanften Melodien und kraftvollen Orgel- und Orchesterelementen.

Markenzeichen: Ihre Musik besitzt eine einzigartige Mischung aus klassischen und folkloristischen Elementen, die sowohl die emotionale als auch die dramatische Atmosphäre verstärken.

Kult-Track: Brothers aus Fullmetal Alchemist – Ein kraftvoller, emotionaler Track, der die enge Beziehung zwischen den Brüdern Edward und Alphonse Elric widerspiegelt.

Taku Iwasaki (岩崎琢)

Berühmte Werke: Gurren Lagann, Noragami, Bungo Stray Dogs

Stil: Iwasaki kombiniert unterschiedliche Musikgenres, von orchestralen Elementen bis zu Rock, Hip-Hop und elektronischen Klängen. Seine Musik ist dynamisch und energiegeladen.

Markenzeichen: Seine Kompositionen zeichnen sich durch eine Mischung aus aggressiven, epischen Stücken und ruhigen, nachdenklichen Momenten aus. Besonders bekannt ist sein Einsatz von nicht traditionellen Instrumenten und Klangkombinationen.

Kult-Track: Libera Me from Hell aus Gurren Lagann – Ein dramatischer, genreübergreifender Track, der die freigeistige Energie der Serie perfekt widerspiegelt.

Kaoru Wada (和田薫)

Berühmte Werke: Inuyasha, D.Gray-man, Saint Seiya: The Lost Canvas

Stil: Wada ist für seine Verwendung traditioneller japanischer Musik sowie seiner epischen Orchestrierung bekannt.

Markenzeichen: Seine Musik kombiniert häufig japanische Instrumente und Motive mit westlicher Orchestrierung, was eine tiefgründige, mystische Atmosphäre erzeugt.

Kult-Track: Das Hauptthema aus Inuyasha – Ein emotionaler Track, der sowohl die Romantik als auch das Abenteuer der Serie unterstreicht.

Kevin Penkin

Berühmte Werke: Made in Abyss, Tower of God, The Rising of the Shield Hero

Stil: Penkin kombiniert orchestrale Musik mit modernen, experimentellen Klängen. Er erzeugt eine melancholische, aber dennoch epische Atmosphäre, die die Welt und die Charaktere seiner Serien unterstreicht.

Markenzeichen: Seine Musik ist oft von traurigen, aber wunderschönen Melodien geprägt, die die dramatischen und philosophischen Themen seiner Werke verstärken.

Kult-Track: Underground River aus Made in Abyss – Ein melancholischer, zart gehaltener Track, der die düstere und doch majestätische Welt von Made in Abyss perfekt einfängt.

Revo (Linked Horizon / Sound Horizon)

Berühmte Werke: Attack on Titan, Bravely Default

Stil: Symphonischer Rock und Opern-Elemente, dramatisch und groß angelegt.

Markenzeichen: Bekannt für epische, opernhafte Kompositionen, die große Chöre und Orchestermusik mit modernen Rock-Elementen verbinden.

Kult-Track: Guren no Yumiya (Attack on Titan Opening) – Ein packender, energiegeladener Track, der den dramatischen Ton der Serie verstärkt.

Toshio Masuda (増田俊郎)

Berühmte Werke: Naruto, Naruto Shippuden, Fukigen na Mononokean

Stil: Masuda ist bekannt für die Mischung aus traditioneller japanischer Musik und orchestralen Elementen, wodurch seine Musik sowohl epische als auch emotionale Momente perfekt unterstreicht. Er beherrscht eine breite Palette von melodischen Strukturen, die von ruhigen, introspektiven Stücken bis hin zu dramatischeren, energiegeladenen Kompositionen reichen.

Markenzeichen: Besonders prägnant ist der Einsatz von japanischen Instrumenten wie Shamisen und Koto, die in Verbindung mit westlicher Orchestrierung eine einzigartige Klangwelt erschaffen.

Kult-Track: "Raising Fighting Spirit" aus Naruto – Ein kraftvoller, motivierender Track, der die kämpferische Energie und den Geist des Hauptcharakters, Naruto, perfekt widerspiegelt.

Diese Komponisten haben in der Anime-Welt nicht nur durch ihre musikalische Vielseitigkeit, sondern auch durch die tiefere emotionale und atmosphärische Wirkung ihrer Werke nachhaltigen Einfluss. Jeder dieser Künstler bringt eine einzigartige Perspektive und Technik in die Komposition von Anime-Soundtracks ein, welche die Geschichten visuell und emotional verstärken.
Sie beherrschen nicht nur klassische Orchestrierungen, sondern haben auch moderne und experimentelle Elemente in ihre Werke integriert, was ihnen ermöglicht, eine breite Palette an Emotionen und Themen zu vermitteln.

Anime-Filme

Was sind Anime-Filme?

Anime-Filme sind japanische Animationsfilme, die sich durch ihren einzigartigen visuellen Stil, tiefgründige Erzählweisen und künstlerische Gestaltung auszeichnen. Oft basieren Anime-Filme auf bereits existierenden Anime-Serien, wobei sie die Geschichten in einem kompakten Format weiterführen oder vertiefen. Es gibt jedoch auch zahlreiche eigenständige Anime-Filme, die keine Serienvorlage haben und eine völlig neue und in sich abgeschlossene Handlung präsentieren.

Ein interessanter Aspekt vieler Anime-Filme, insbesondere jener, die auf Serien basieren, ist, dass sie häufig nicht zum „Canon" – also der offiziellen, fortlaufenden Handlung der Serie – gehören. Ähnlich wie Filler-Episoden, die in Serien oft als eigenständige Geschichten ohne direkte Auswirkungen auf die Haupthandlung eingeführt werden, sind auch viele Filme von Anime nicht immer Teil der offiziellen Zeitlinie. Sie bieten zusätzliche Geschichten oder alternative Szenarien, die die Welt des Animes erweitern, aber nicht zwingend in die zentrale Handlung integriert sind.

Ein Beispiel dafür sind die Filme aus der Dragon Ball Z-Reihe, wie Dragon Ball Z: Der Film – Die Entscheidungsschlacht, die zwar die beliebten Charaktere und das Universum der Serie aufgreifen, jedoch nicht direkt in die Hauptgeschichte der Serie eingreifen. Ebenso gibt es bei Naruto oder Bleach zahlreiche Filme, die die bekannten Charaktere und die Welt nutzen, aber abseits der Kernhandlung stehen.

Auf der anderen Seite gibt es Anime-Filme, die völlig eigenständig sind und keine Serie als Grundlage haben. Studio Ghibli ist hier ein herausragendes Beispiel: Mit Meisterwerken wie Chihiros Reise ins Zauberland (Oscar-Gewinner 2003), Prinzessin Mononoke und Das wandelnde Schloss hat das Studio Filme geschaffen, die keine

Vorlage benötigen und vollkommen unabhängig von einer Serie existieren. Diese Werke sind für ihre tiefe emotionale Resonanz und ihre außergewöhnliche künstlerische Qualität bekannt und haben Anime-Filme weltweit zu einer anerkannten Kunstform gemacht.

Ein weiterer bedeutender Anime-Film ist Akira (1988), der ebenfalls keine Serienvorlage hat, sondern ein eigenständiges Werk ist. Akira hatte einen enormen Einfluss auf die Entwicklung des Genres und trug maßgeblich dazu bei, dass Anime international als ernstzunehmende Kunstform anerkannt wurde.

Anime-Filme erfreuen sich nicht nur in Japan großer Beliebtheit, sondern haben auch auf globaler Ebene eine immense Fangemeinde. Über Streaming-Plattformen wie Netflix, Crunchyroll und Amazon Prime sind sie für Zuschauer weltweit zugänglich. Viele dieser Filme laufen zudem auf internationalen Filmfestivals und gewinnen dort Preise, was ihre künstlerische Bedeutung unterstreicht.

Ein Markenzeichen vieler Anime-Filme ist die Detailverliebtheit in der Animation, die oft surrealen, aber zugleich lebensechten Welten Ausdruck verleiht. Die tiefgründige Charakterentwicklung, die sorgfältig komponierte Musik und die visuell beeindruckende Gestaltung bieten den Zuschauern ein außergewöhnliches Erlebnis, das sowohl emotional als auch künstlerisch beeindruckt.

15 empfehlenswerte Anime-Filme

1. Spirited Away (Chihiros Reise ins Zauberland) – Regie: Hayao Miyazaki

Chihiro, ein junges Mädchen, wird in eine magische Welt entführt, die von Göttern, Geistern und anderen mystischen Wesen bevölkert ist. Dort muss sie sich ihren Ängsten stellen, um ihre Eltern zu retten und wieder in die reale Welt zurückzukehren. Der Film beeindruckt mit seiner tiefgründigen Symbolik und außergewöhnlichen visuellen Gestaltung und gewann den Oscar für den besten animierten Spielfilm.

2. My Neighbor Totoro (Mein Nachbar Totoro) – Regie: Hayao Miyazaki

Zwei Schwestern ziehen aufs Land und entdecken eine wundersame Welt, in der sie auf den liebenswerten Totoro und andere magische Kreaturen treffen. Der Film ist eine herzliche Ode an die Kindheit und die unberührte Natur, die auf sanfte Weise zum Staunen anregt.

3. Akira – Regie: Katsuhiro Otomo

In einer dystopischen Zukunft wird ein junger Mann in ein gefährliches Experiment verwickelt, das ihn in einen übermächtigen Mutanten verwandelt. „Akira" gilt als Meilenstein des Cyberpunk-Genres und stellt die Frage nach Macht, Zerstörung und den Grenzen der menschlichen Natur.

4. Your Name (Kimi no Na wa) – Regie: Makoto Shinkai

Zwei Jugendliche tauschen auf mysteriöse Weise ihre Körper und erleben das Leben des anderen. Der Film ist eine fesselnde Mischung aus Romantik, Schicksal und Magie, begleitet von atemberaubenden

Animationen und einer wunderschönen Musikuntermalung, welche eine tiefgehende emotionale Wirkung erzielt.

5. Princess Mononoke (Prinzessin Mononoke) – Regie: Hayao Miyazaki

In einer Welt, in der Götter der Natur gegen die Menschheit kämpfen, wird der junge Krieger Ashitaka in einen moralisch komplexen Konflikt zwischen der menschlichen Zivilisation und den Naturgöttern verwickelt. Der Film behandelt Themen wie Umweltzerstörung und den schwierigen Kampf zwischen Tradition und Fortschritt.

6. Howl's Moving Castle (Das wandelnde Schloss) – Regie: Hayao Miyazaki

Eine junge Frau wird von einer Zauberin in eine alte Frau verwandelt und begibt sich auf eine magische Reise, bei der sie ein wandelndes Schloss und dessen geheimnisvollen Besitzer Howl trifft. Der Film kombiniert Magie, Romantik und Anti-Kriegs-Botschaften in einer visuell beeindruckenden Erzählung.

7. Grave of the Fireflies (Die letzten Glühwürmchen) – Regie: Isao Takahata

Ein zutiefst bewegender Film über zwei Geschwister, die im Japan des Zweiten Weltkriegs ums Überleben kämpfen. „Die letzten Glühwürmchen" ist eine erschütternde Auseinandersetzung mit den tragischen Auswirkungen des Krieges auf unschuldige Kinder.

8. The Wind Rises (Der Wind steigt) – Regie: Hayao Miyazaki

Der Film erzählt die teilweise biografische Geschichte von Jiro Horikoshi, dem Designer des Zero-Kampfflugzeugs im Zweiten

Weltkrieg. Eine poetische Meditation über Träume, Kreativität und die moralischen Dilemmata, die mit dem Schaffen von Kriegsmaschinen verbunden sind.

9. Ghost in the Shell – Regie: Mamoru Oshii

In einer futuristischen Welt, in der Menschen und Maschinen zunehmend miteinander verschmelzen, verfolgt eine Cyborg-Polizistin einen geheimen Hacker, der die Grenzen zwischen Menschlichkeit und künstlicher Intelligenz auflöst. Der Film ist ein philosophischer Klassiker, der grundlegende Fragen zu Identität und Bewusstsein stellt.

10. A Silent Voice (Koe no Katachi) – Regie: Naoko Yamada

Ein Film über Mobbing, Reue und den schwierigen Weg zur Vergebung. Der Protagonist, der in seiner Kindheit ein gehörloses Mädchen gemobbt hat, sucht Jahre später nach einer Möglichkeit, sich bei ihr zu entschuldigen und mit seiner Vergangenheit Frieden zu schließen.

11. Paprika – Regie: Satoshi Kon

Ein visuell faszinierender Psychothriller über eine Therapeutin, die in die Träume ihrer Patienten eintaucht, um ihnen zu helfen. Als das Gerät, das diese Technologie ermöglicht, gestohlen wird, verschwimmen die Grenzen zwischen Traum und Realität. Der Film beeinflusste unter anderem Christopher Nolans „Inception".

12. The Tale of the Princess Kaguya
(Die Erzählung der Prinzessin Kaguya) – Regie: Isao Takahata

Eine kunstvoll erzählte Adaption der japanischen Legende von der Prinzessin Kaguya, die aus einem Bambusstock geboren wird.

Der Film sticht durch seine einzigartige, handgezeichnete Animation hervor und vermittelt die zeitlose Schönheit und Tragik der Geschichte.

13. Wolf Children (Wolfskinder) – Regie: Mamoru Hosoda

Eine berührende Erzählung über eine Mutter, die ihre beiden Kinder großzieht, die halb Mensch, halb Wolf sind. Der Film behandelt Themen wie Elternschaft, Identität und den Konflikt zwischen der wilden Natur und der menschlichen Gesellschaft.

14. Perfect Blue – Regie: Satoshi Kon

Ein psychologischer Thriller über eine Pop-Sängerin, die in die Welt der Schauspielerei wechselt und langsam den Halt verliert, als sie von einem mysteriösen Fan verfolgt wird. Der Film ist eine düstere Auseinandersetzung mit Ruhm, Identität und den Gefahren der Öffentlichkeit.

15. Ponyo – Regie: Hayao Miyazaki

Eine moderne Adaption der Geschichte der „Kleinen Meerjungfrau", in der ein Junge ein magisches Fischmädchen rettet, das sich in einen Menschen verwandeln kann. Der Film ist eine farbenfrohe, fantasievolle Erzählung über die Magie der Kindheit und den schützenden Einfluss der Natur.

Diese Filme sind nicht nur in der Anime-Welt von großer Bedeutung, sondern haben auch die globale Filmlandschaft maßgeblich beeinflusst. Sie zeichnen sich durch ihre außergewöhnliche Animation, tiefgründige Themen und die Fähigkeit aus, komplexe menschliche Erfahrungen auf einzigartige Weise zu vermitteln.

Schlusswort

Ich hoffe sehr, dass Dich dieses Handbuch auf eine spannende Reise durch die facettenreiche Welt von Manga und Anime mitgenommen hat. Von den historischen Ursprüngen bis hin zu den neuesten Trends – die Faszination, die in jeder Zeichnung, in jeder Erzählung und in jedem Charakter mitschwingt, zeigt eindrucksvoll, wie tief diese Kultur in der globalen Popkultur verwurzelt ist.

Ziel dieses Werks war es, Dir nicht nur einen umfassenden Überblick über die verschiedenen Genres, Zeichenstile und Erzähltechniken zu geben, sondern auch Deinen Blick für die emotionale und künstlerische Tiefe dieser Medien zu schärfen. Denn Manga und Anime sind weit mehr als bloße Unterhaltung: Sie sind Spiegel unserer Gesellschaft, Quelle der Inspiration und Ausdruck einer kreativen Welt, in der Tradition und Innovation harmonisch miteinander verschmelzen.

Lass Dich weiterhin von der Welt der Manga und Anime begeistern und inspirieren – ganz gleich, ob Du leidenschaftlicher Sammler, neugieriger Neuling oder kreativer Geist bist, der selbst Teil dieser faszinierenden Gemeinschaft werden möchte.

Zum Abschluss bleibt nur eine Einladung: Entdecke, erlebe und interpretiere diese einzigartige Kultur immer wieder neu.

Viel Freude auf Deinem weiteren Weg durch die Welt der Manga und Anime!

Tobias Martinez

30 interessante Fakten

1. Der Ursprung des Begriffs "Manga": Der Begriff "Manga" stammt aus dem 18. Jahrhundert und bezieht sich ursprünglich auf humorvolle oder skurrile Zeichnungen. Im modernen Kontext bezeichnet er jedoch japanische Comics, die ihren Ursprung im 19. Jahrhundert haben, mit Künstlern wie Hokusai, die die erste Welle des Manga inspirierten.

2. Osamu Tezuka – Der "Gott des Manga": Osamu Tezuka, bekannt durch seine Schöpfung von "Astro Boy" (Tetsuwan Atom), gilt als Vater des modernen Manga und beeinflusste das gesamte Medium mit seiner innovativen Erzählweise und seinen Charakterdesigns.

3. Leserichtung von Manga: Manga wird in Japan von rechts nach links gelesen. Diese Leserichtung bleibt in internationalen Veröffentlichungen oft erhalten, um die Authentizität des Originals zu bewahren.

4. "One Piece" – Ein Phänomen: Der Manga "One Piece" von Eiichiro Oda hält mit über 500 Millionen verkauften Exemplaren weltweit den Rekord als der meistverkaufte Manga aller Zeiten und ist eines der größten kulturellen Phänomene im Manga- und Anime-Bereich.

5. "Spirited Away" und der Oscar: "Spirited Away" (Sen to Chihiro no Kamikakushi) von Studio Ghibli gewann 2003 den Oscar für den besten animierten Spielfilm. Es war der erste Anime, der diesen prestigeträchtigen Preis erhielt und verhalf Anime weltweit zu noch mehr Anerkennung.

6. Akira Toriyama und "Dragon Ball": Akira Toriyama, der Schöpfer von "Dragon Ball", hat mit seiner Serie nicht nur das

Genre des Shonen revolutioniert, sondern auch den weltweiten Anime- und Manga-Boom mitbegründet.

7. Isekai-Genre: Das Isekai-Genre, in dem Charaktere in eine fremde Welt transportiert werden, hat in den letzten Jahren besonders an Popularität gewonnen. Serien wie "Re:Zero" und "That Time I Got Reincarnated as a Slime" sind nur einige der bekanntesten Beispiele.

8. Anime-Studios: Studio Ghibli, bekannt für Filme wie "My Neighbor Totoro" und "Princess Mononoke", ist eines der angesehensten Studios der Welt. Toei Animation ist ein weiteres ikonisches Studio, berühmt für die Produktion von "Dragon Ball" und vielen anderen bedeutenden Serien.

9. Shonen vs. Seinen: Shonen richtet sich hauptsächlich an junge Männer und ist meist actionorientiert, während Seinen für erwachsene Männer gedacht ist und oft komplexere Themen und eine tiefere Charakterentwicklung bietet.

10. Manga in Japan: Manga ist ein integraler Bestandteil der japanischen Popkultur und wird von Menschen aller Altersgruppen konsumiert. Es gibt eine riesige Vielfalt an Genres, die von Action über Romantik bis hin zu Horror reichen.

11. Cosplay: Cosplay, das Nachahmen von Manga- und Anime-Charakteren, ist zu einer weltweiten Subkultur geworden. Auf Conventions weltweit zeigen Fans ihre Liebe zu ihren Lieblingsserien, indem sie als deren Charaktere verkleidet erscheinen.

12. Filler-Episoden: Viele Anime, die auf Manga basieren, enthalten sogenannte Filler-Episoden. Diese sind zusätzliche Geschichten, die nicht im Original-Manga vorkommen und oft eingefügt werden, um die Handlung zu dehnen, wenn der Anime die Manga-Vorlage überholt.

13. "Naruto" und seine weltweite Anhängerschaft: Der Manga und Anime "Naruto" hat eine riesige globale Fangemeinde und gilt als eines der größten Werke im Shonen-Genre, bekannt für seine tiefgründigen Charaktere und epische Story.

14. Manga-Kategorisierungen: Manga wird in verschiedene Zielgruppen unterteilt. Shonen ist für Jungen, Shojo für Mädchen, Seinen für Erwachsene und Josei für erwachsene Frauen. Jede Kategorie spricht unterschiedliche Interessen und Altersgruppen an.

15. Manga vs. westliche Comics: Während westliche Comics meist episodisch und auf Superhelden ausgerichtet sind, bieten Manga oft lange, zusammenhängende Erzählstränge mit tiefgründiger Charakterentwicklung und vielseitigen Genres.

16. Berserk und Kentaro Miura: Kentaro Miura, der Schöpfer von "Berserk", verstarb 2021, aber seine Serie bleibt ein Meisterwerk der Dark Fantasy. Sie hat unzählige Fans und Künstler weltweit beeinflusst.

17. Mecha-Anime: Mecha, das Genre, das sich mit riesigen Robotern beschäftigt, hat eine lange Tradition in der Anime-Geschichte. "Mobile Suit Gundam" ist ein Paradebeispiel und prägte die Entwicklung dieses Subgenres.

18. Yaoi und Yuri: Yaoi und Yuri sind Manga-Genres, die sich mit gleichgeschlechtlichen Beziehungen befassen. Yaoi dreht sich um schwule Paare, während Yuri lesbische Beziehungen thematisiert und hat in den letzten Jahren eine größere Anhängerschaft gewonnen.

19. Anime-Musik: Die Musik in Anime, insbesondere die Opening-und Ending-Songs, ist ein wichtiger Teil der Serie und hat oft eigene, große Fangemeinden. Lieder wie das Opening von "Attack on Titan" sind zu globalen Hits geworden.

20. Japanische Manga-Verlage: Der größte Manga-Verlag in Japan, Shueisha, gibt unter anderem das berühmte Magazin "Shonen Jump" heraus, das Serien wie "One Piece", "Naruto" und "Dragon Ball" beheimatet.

21. "Attack on Titan": "Attack on Titan" hat sich zu einer der bekanntesten und einflussreichsten Anime-Serien der letzten Jahre entwickelt. Sie behandelt Themen wie Überleben und Freiheit und bietet eine düstere, epische Handlung.

22. Magical Girl-Genre: Das Magical Girl-Genre erlebte mit Serien wie "Sailor Moon" und "Cardcaptor Sakura" einen enormen Aufschwung. Diese Serien sind bekannt für ihre Mischung aus Magie, Heldentum und jugendlichen Themen.

23. Anime-Filmindustrie: Japan produziert jährlich viele Anime-Filme, die oft genauso populär wie Serien sind. Filme wie "Your Name" und "Akira" sind zu Kultklassikern geworden und haben Anime weltweit bekannt gemacht.

24. Manga als Kunstform: Manga ist nicht nur Unterhaltung, sondern auch eine kunstvolle Ausdrucksform, die oft komplexe Zeichnungen, tiefgründige Erzählweisen und gesellschaftliche Themen behandelt.

25. Manga-Cafés: In Japan gibt es sogenannte Manga-Cafés, in denen Besucher gegen eine Gebühr Manga lesen, Videospiele spielen oder sogar schlafen können. Diese Cafés sind besonders beliebt bei Menschen, die einen Ort der Entspannung suchen.

26. Manga-Adaptionen von Videospielen: Viele bekannte Videospiel-Franchises, wie "Pokémon" und "Dragon Quest", wurden als Manga adaptiert. Diese bieten oft erweiterte oder alternative Erzählstränge.

27. Live-Action-Adaptionen von Anime: Viele populäre Anime wurden als Live-Action-Filme umgesetzt, darunter "Death Note", "Fullmetal Alchemist" und "Attack on Titan". Oft variieren die Kritiken zur Qualität der Filme, wobei viele umstritten sind.

28. Manga für Erwachsene: Neben den typischen Manga-Kategorisierungen wie Shonen und Shojo gibt es auch Manga, die sich an ein erwachsenes Publikum richten, darunter Hentai (für explizite Inhalte) und Erotika. Es ist jedoch wichtig, Hentai von anderen, nicht expliziten Genres wie Seinen oder Josei zu unterscheiden, die erwachsene Themen ohne explizite Darstellungen behandeln.

29. Anime und Politik: Einige Anime bieten tiefgreifende gesellschaftliche und politische Kommentare, wie etwa "Neon Genesis Evangelion", das psychologische Themen mit gesellschaftlichen und politischen Reflexionen kombiniert.

30. Manga und die japanische Wirtschaft: Manga ist ein bedeutender Wirtschaftszweig in Japan. Die Branche generiert jährlich Milliarden von Yen und umfasst neben den Comics auch Filme, Merchandising-Produkte, Videospiele und mehr.

21 der mächtigsten Charaktere

0. Son Goku (Dragon Ball)

Mit Super Saiyan, Ultra Instinct und der Fähigkeit, die Grenzen der Macht immer weiter zu überschreiten, ist Goku ein absoluter Titan im Kampf. Er kann das Universum beschützen und hat unermessliches Potenzial.

1. Zeno (Dragon Ball Super)

Kann ganze Universen mit einer einfachen Geste auslöschen – die absolute Spitze der Macht.

2. Kami Tenchi (Tenchi Muyo!)

Ein allmächtiger Schöpfergott, der weit über Zeit, Raum und Realität hinaus existiert.

3. Featherine Augustus Aurora (Umineko no Naku Koro ni)

Beherrscht die Realität wie ein Schriftsteller seine Geschichte – nahezu allwissend und allmächtig.

4. Saitama (One Punch Man)

Besiegt jeden Gegner mit einem einzigen Schlag. Seine Kraft kennt keine Grenzen.

5. Sung Jin-Woo (Solo Leveling)

Als Schattenmonarch kontrolliert er eine untote Armee, manipuliert Zeit und ist beinahe unsterblich.

6. The Truth (Fullmetal Alchemist)

Ein metaphysisches Konzept jenseits von Leben und Tod – unergründlich und allgegenwärtig.

7. Madoka Kaname (Göttin) (Puella Magi Madoka Magica)

Wird zur personifizierten Hoffnung und existiert außerhalb von Zeit, Raum und Realität.

8. Tengen Toppa Gurren Lagann (Super Form)

Größer als Galaxien – formt Realität durch reinen Willen und grenzenlosen Kampfgeist.

9. Akuto Sai (Ichiban Ushiro no Daimaou)

Vorherbestimmt, Gott des Multiversums zu werden – seine Macht sprengt jede Vorstellung.

10. Anti-Spiral (Gurren Lagann)
Multiversale Intelligenz, die jegliche Evolution unterdrückt
und Realität manipuliert.

11. Yhwach (Bleach)
Gottgleicher Gegner mit der Fähigkeit,
jede mögliche Zukunft nach Belieben zu formen.

12. Eren Yeager (Founding Titan) (Attack on Titan)
Beherrscht Vergangenheit, Gegenwart und Zukunft –
kontrolliert ganze Völker.

13. Gojo Satoru (Jujutsu Kaisen)
Verfügt über die Unendlichkeit, Six Eyes
und eine nahezu unschlagbare Technik.

14. Zamasu (Fusion) (Dragon Ball Super)
Unsterblich und eins mit dem Universum –
seine Existenz ist nahezu nicht löschbar.

15. Madara Uchiha & Hashirama Senju (Naruto)
Gottgleiche Shinobi: Madara mit Rinnegan und Zehnschwänzigem,
Hashirama mit enormem Chakra, Regeneration und Naturmacht –
zusammen ein zerstörerisches Gleichgewicht.

16. Aizen Sousuke (Bleach)
Meister der Illusion, kombiniert mit nahezu
unsterblicher Macht und einem Gottkomplex.

17. Anos Voldigoad (The Misfit of Demon King Academy)
Tötet mit Worten, kontrolliert Zeit, unbesiegbar und allgegenwärtig.

18. Naruto Uzumaki (Baryon Mode) (Boruto)
Kurzzeitig gottgleich – sein Baryon Mode verbindet
ungeheure Kraft mit enormem Risiko.

19. Meliodas (Dämonenkönigsform) (Seven Deadly Sins)
Träger dunkler Magie mit göttlicher Zerstörungskraft – kaum aufzuhalten.

20. Alucard (Hellsing Ultimate)
Ein nahezu unsterblicher Vampir mit Millionen von Seelen –
regeneriert unendlich.